中国科普作家协会国防科普委员会推荐图书

舰船科普丛书

中国船舶及海洋工程设计研究院
上海市船舶与海洋工程学会
上海交通大学

主编

气垫船

张宗科　卫琛喻　赵曼莉

编著

上海科学技术出版社

图书在版编目(CIP)数据

气垫船 / 中国船舶及海洋工程设计研究院,上海市船舶与海洋工程学会,上海交通大学主编;张宗科,卫琛喻,赵曼莉编著. —上海:上海科学技术出版社,2020.1

(国之重器:舰船科普丛书)

ISBN 978-7-5478-4618-6

Ⅰ.①气… Ⅱ.①中… ②上… ③上… ④张… ⑤卫… ⑥赵… Ⅲ.①气垫船-青少年读物 Ⅳ.①U674.943-49

中国版本图书馆CIP数据核字(2019)第234359号

舰船科普丛书

气垫船

中国船舶及海洋工程设计研究院
上海市船舶与海洋工程学会　**主编**
上　海　交　通　大　学

张宗科　卫琛喻　赵曼莉　**编著**

上海世纪出版(集团)有限公司
上 海 科 学 技 术 出 版 社　出版、发行
(上海钦州南路71号　邮政编码200235　www.sstp.cn)
上海盛通时代印刷有限公司印刷
开本 787×1092　1/16　印张 12.25
字数 230千字
2020年1月第1版　2020年1月第1次印刷
ISBN 978-7-5478-4618-6 / N·187
定价:68.00元

本书如有缺页、错装或坏损等严重质量问题,请向工厂联系调换

内容提要

气垫船是一种以高压气垫承受部分或全部船重的水面高性能船。其中由气垫承受全部船重的称为全垫升气垫船,而气垫仅承受部分船重的为侧壁式气垫船。全垫升气垫船具有水陆两栖性,可自行上岸,军事上被用作登陆艇,携载重型坦克实现超越式干登陆,是海军强国的标配;在民用方面则广泛用于交通、海事救助、抢险救灾、科研考察、航道破冰等。

为维持垫态航行,气垫船设有独特的"围裙"气垫系统,并由垫升风机提供高压气流吹入柔性"围裙"内形成高压气垫。全垫升气垫船垫态悬浮于水面或地面之上,只能由高置的空气螺旋桨推进;侧壁式气垫船的下部浸于水中,采用常规水螺旋桨或喷水泵推进,不能直接上岸。

本书从多个方面、多个角度图文并茂地介绍了各国气垫船60余年的发展及其中的典型船艇,详细描绘了气垫船的主体构造、关键系统及"水上漂"的独特运动性能与关键技术,尤其是军事上作为现代超越登陆作战主装备的全垫升气垫船,书写了我国气垫船自主研发的艰辛与成果,并展望气垫船的未来发展。

本书集知识性与趣味性于一体,可作为青少年科普读物,也适合对气垫船知识感兴趣的读者阅读。

国之重器 —— 舰船科普丛书

编委会

- **主　任**

  邢文华

- **副主任**

  黄　震　卢　霖　林　鸥　盛纪纲　胡敬东
  韩　华　张　毅

- **委　员**

  陈　刚　沈伟平　姜为民　李小平　黄　蔚
  赵洪武　王　洁　冯学宝　王　磊　张莉芬
  张达勋　张　超　景宝金　吴伟俊　倪明杰
  许　刚　孟宪海　王文凯　韩　龙　余继亮

国之重器——舰船科普丛书
专家委员会

■ 主 任
曾恒一　潘镜芙

■ 副主任
韩　华　郑茂礼　郑　晖　杨德昌　田小川

■ 委 员
王佩宏　张照华　郭彦良　张关根　杨葆和
俞宝均　张文德　张福民　涂仁波　毛献群
张祥瑞　马　涛　吴正廉　徐寿钦　陈德耀
张仲根　戴自昶　张　帆　罗杏春　马炳才
刘厚恕　张太佶　张富明　李志刚　李新仲
谢　彬　王建方　李刚强　吴　刚　徐　萍
王彩莲　张海瑛　仲伟东　于再红　丁伟康

国之重器——舰船科普丛书
编辑部

- **主　编**

张　毅

- **编写人员（以姓氏笔画为序）**

于再红	卫琛喻	王　庆	王　建	王　莉
王建方	韦　强	曲宁宁	任　毅	刘积骅
祁　斌	牟朝纲	牟蕾频	杨　添	李　成
李刚强	李招凤	吴贻欣	邱伟强	张宗科
张富明	林伍雄	范永鹏	尚亚杰	尚保国
罗杏春	单铁兵	赵吉庆	段雪琼	俞　赟
施　璟	洪　亮	姚　亮	贺慧琼	秦　硕
徐春阳	唐　尧	陶新华	黄小燕	曹大秋
曹才轶	曹永恒	梁东伟	韩　龙	虞民毅
魏跃峰				

总 序

海洋之美，浩瀚、静谧、神秘。人类生存的地球表面71%覆盖着海洋，陆地被海洋包围着，仿若不沉之"舟"。

中华人民共和国，既是一个拥有960万平方千米陆地疆域的陆地大国，也是一个东部和南部大陆海岸线约1.8万千米、内海和边海的水域面积约470万平方千米、海域分布有大小岛屿7 600多个的海洋大国。提高海洋资源开发能力、发展海洋经济、保护海洋生态环境、坚持维护国家海洋权益、建设海洋强国，事关国家安全和长远发展，也对实现中华民族伟大复兴的中国梦具有十分重要的战略意义。

工欲善其事，必先利其器。经略海洋，装备当先。只有拥有强大的海洋装备作支撑，才能形成强大的海上力量，才能保障安全可靠的海上能源和贸易通道，才能拥有海洋权益的话语权。能犁开万顷碧波的舰船，正是建设海洋强国的"国之重器"。

经过几代中国舰船人的努力，我们取得了骄人的成绩。第一艘航母已交接入列，第二艘航母又下水海试；新型弹道导弹核潜艇受到世界各国的关注；"滨州"号护卫舰、"昆仑山"号船坞登陆舰等在亚丁湾为过往船只保驾护航；"临沂"号护卫舰参与也门撤侨，彰显大国担当；"和平方舟"号医院船多次赴海外开展医疗服务和救灾援助；自主设计制造的20 000箱超大型集装箱船助力中欧航线的运输；"天鲲"号绞吸挖泥船向世界展示什么叫作历练终成金；"雪龙2"号科考船即将承载起极地探索的使命……

这一个个令人振奋的消息背后，是"国之重器"建设大军只争朝夕、锐意进取、拼搏奋斗、攻坚克难的身影。"功以才成，业由才广"，世上一切事物中人是最宝贵的，一切创新成果都是人做出来的。硬实力、软实力，归根到底要靠人才实力。科技发展史证明：谁拥有了一流创新人才、拥有了一流科学家，谁就能在科技创新中占据优势。

在中国建设海洋强国的道路上，"国之重器"建设大军的每一个岗位都必须后继有

人,有人传承,有人接班!

少年强则中国强。为增强青少年的海洋和国防意识,普及舰船和海洋工程科学知识,我们编撰了一部以青少年为主要对象、面向公众的科普读物"国之重器——舰船科普丛书"(简称"丛书")。丛书以舰船为主线,全面展现新中国成立近70年以来,自主研制国之重器的艰难历程及取得的辉煌成就,使广大青少年从中汲取知识、增长才干、坚定信念、强化担当。

这套丛书共20分册,涵盖海洋防卫、海洋运输、海洋科考、海洋开发等方面,包括:海上霸主——航空母舰、深海巨鲨——潜艇、海上科学城——航天测量船、探究海洋奥秘的科学考察船、造船工业皇冠上的明珠——液化气运输船、海上巨无霸——集装箱船、超大型油船、造岛神器——大型挖泥船、海上石油城——钻井平台等。

丛书由从事舰船和海洋工程科研、设计、建造的100余位专家、技术骨干和青年科技工作者执笔,并经30余位专家审阅,历时2年编写而成。

当代青少年和公众涉猎面广,超前意识和多维立体思维能力强,具有令人刮目相看的理解能力。丛书撰写者充分考虑到青少年和公众读者的阅读要求,量身定制、兼收并蓄,将舰船知识图谱化,采用重点讲解、型号示例等方法,使专业知识通俗易懂,增强了丛书的可读性。

博览众采,传承知识。丛书通过科学的体例设置,涵盖军用舰船、民用船舶和海工装备的相关知识,体系庞大而有序,知识通俗而有内涵,突出展现了丛书内容的鲜明特色,使广大青少年读者一书在手,舰船在胸。

——图谱化的舰船知识。丛书坚持知识性与趣味性相结合,以图文并茂的形式对一些典型舰船进行集中讲解,以便让读者掌握舰船的特点。

——通俗化的专业知识。丛书坚持专业性与通俗性的有机结合,用朴实的篇章构建舰船知识链,用易懂的语言精准描述舰船的工作原理、性能特点。

——人文化的历史知识。丛书追溯舰船诞生的起点,展望舰船发展的未来,彰显舰

船历史的人文特色，描绘出一幅幅人类设计建造舰船、塑造海洋文明的生动画卷。

拓展视野，启迪心智。丛书以舰船为载体，为广大青少年读者打开了世界舰船知识之门、中国舰船科技之窗，让读者驾驶生命之船，扬起思想风帆。

—— 认清大势，强化理念。丛书以舰船为媒，引导读者正确认识世界和中国。半个多世纪风雨兼程，中国船舶装备在变，舰船航迹在变，唯有"国之重器"建设者们"忠于党、忠于人民、忠于国家"的初心不改，信仰不变，继续弘扬突破自我、敢为人先的工匠精神，锲而不舍，发愤图强，国家利益所至，科技创新必达！

—— 明确主题，播种梦想。丛书以中国舰船制造励精图治、自力更生、发奋图强、勇创辉煌的历史红线，为每个青少年播种梦想、点燃梦想，让更多青少年敢于有梦、勇于追梦、勤于圆梦。

激扬青春，陶冶情操。理想指引人生方向，信念决定事业成败。丛书倾诉舰船昨天之历史故事，弹奏舰船今天之恢宏篇章，高歌舰船明日之瑰丽远景。

—— 弘扬爱国主义精神。丛书立足民族、面向世界，旨在激发广大读者的爱国情怀；以科学的视角，生动介绍了新中国成立以来我国舰船及海洋工程研制所取得的成就，讲述一代又一代科技人员怀着深厚的爱国情怀，为中国舰船事业发展所作的贡献。

—— 倡导奋进创新思想。丛书用世界舰船的历史史实启发读者认知：创新是民族进步的灵魂，是一个国家兴旺发达的不竭源泉。广大青少年读者应敢为人先，勇于解放思想、与时俱进，敢于上下求索、开拓进取，树立雄心壮志，努力超越前人。

—— 激励艰苦奋斗精神。丛书用中国舰船的历史史实引领读者感悟，我们的国家、我们的民族，从积贫积弱一步一步走到今天的繁荣富强，靠的就是一代又一代人的顽强拼搏，靠的就是中华民族自强不息的奋斗精神。

2016年5月30日，习近平总书记在全国科技创新大会、两院院士大会、中国科协第九次全国代表大会上的讲话指出：科技创新、科学普及是实现创新发展的两翼，要把科学普及放在与科技创新同等重要的位置。希望广大科技工作者以提高全民科学素质为己任，在

全社会推动形成讲科学、爱科学、学科学、用科学的良好氛围,使蕴藏在亿万人民中间的创新智慧充分释放、创新力量充分涌流。"国之重器——舰船科普丛书"正是习近平新时代中国特色社会主义思想的生动实践。

愿:"国之重器——舰船科普丛书"构建一座智慧的熔炉,锻造中国青少年威武铁甲!

愿:"国之重器——舰船科普丛书"筑起一个知识的平台,助力中国青少年纵横海疆!

愿:"国之重器——舰船科普丛书"插上一双理想的翅膀,引领中国青少年翱翔海天!

曾恒一 潘镜芙

中国工程院院士

2018年8月

前言

在高性能船家谱中,有一种船的船体周边全部或部分用"围裙"封闭,利用大功率垫升风机将空气吹入船底,空气在船底与水面之间形成气垫,托升船体至悬浮状态,人们称这种船为气垫船或腾空船。

气垫船全部或局部脱离水面航行,大大减小了船体航行的阻力,获得了普通排水型船舶难以达到的高航速;加之其稳性和耐波性俱佳,又可在海上、江河、浅滩、急流、草地、沙滩、冰雪等复杂环境下自由航行,且不需码头停靠,用途广泛,军民皆宜。

气垫船,尤其是全垫升气垫登陆艇的出现大幅拓展了世界上可登陆岸线范围,增加了登陆作战的维度,缩短了航渡时间与暴露于滩头炮火覆盖区域的时间,并可输送主战装备登陆至一定纵深范围内,增大了防守难度,是两栖登陆、夺岛战、特种作战的利器,深受军事强国的青睐。同时由于其基本悬浮在运行表面之上可高速航行的特点,军民两用性好,广泛用于交通、抢险救灾,深受世界各国的欢迎。

本书针对气垫船的基本原理、中外发展、垫升与运动性能、不同种类气垫船的特点与作用、推进垫升系统,航行特性与超越登陆作战应用、总体设计、试验与建造,以及未来气垫船的发展,做了深入浅出的介绍。

本书着重介绍了我国气垫船研制人员在20世纪50年代与世界其他国家同步开展了气垫技术的应用及气垫船的开发。1957年,我国研制了第一艘全垫升气垫船并成功进行了长航试验。60多年来,我国气垫船研制人员不忘科技强国、科技强军的初心,坚持科技创新,攻克了气垫船诸多关键技术,先后设计建造了多种军用气垫登陆艇,成为人民海军装备的利器。与此同时设计建造了一批适应沿海岛屿、金沙江急流浅滩交通运输的气垫船。

气垫船研究设计专家马涛研究员参与了本书的编写,亲自撰写、修改了有关章节。

本书意在普及气垫船科技知识，引发读者对高性能气垫船的兴趣，关心气垫船科学技术的发展和海军武器装备建设。

作 者

2019年7月

舰船科普丛书

目 录

第1章
这是一艘"腾空"的船 / 1

船舶中的"飞毛腿"——高性能船 / 3
高性能船中的"磁浮列车"——气垫船 / 6
起源与发展——气垫船的前世今生 / 9

第2章
气垫船家族与用途 / 15

气垫船的分类 / 16
气垫船的用途 / 23

第3章
超越登陆作战之神器 / 37

超越登陆——现代登陆作战经典模式 / 38

气垫船的"座驾" / 41

气垫船编队与冲滩登陆 / 45

第4章
气垫船的船体构造与关键系统 / 51

船体结构 / 54

推进垫升系统 / 67

船舶系统 / 77

电力系统 / 79

第5章
气垫船的运动性能与关键技术 / 87

兴波阻力峰 / 88

垂向失稳 / 91

操控失稳 / 96

复杂的气-固-液耦合动力学世界难题 / 100

第6章
我国气垫船的发展 / 107

我国第一艘气垫船 / 108

气垫船研试全面展开 / 112

进入实用阶段的气垫船 / 119

我国气垫船的理论发展 / 124

科研道路上的荆棘
　　——气垫船试验遇险故事 / 127

气垫船科研团队代表 / 130

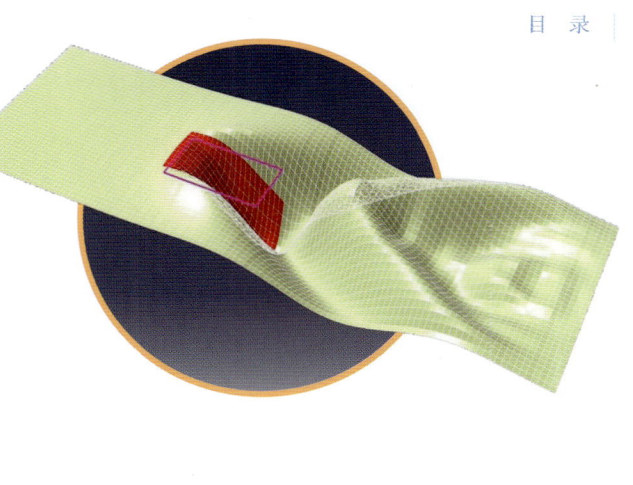

第7章
国外主要国家的气垫船 / 135

英国气垫船 / 136

美国气垫船 / 141

苏联/俄罗斯气垫船 / 151

法国气垫船 / 158

其他国家气垫船 / 160

第8章
气垫船的未来发展 / 167

参考文献 / 175

后记 / 178

第 1 章
这是一艘"腾空"的船

世界上存在这样一种神奇的船,它不仅能够脱离水面高速航行,甚至还能在陆地上行进,即使在沼泽地、沙地、雪地和冰面上照样如履平地,人们称之为气垫船。

气垫船又叫"腾空船",是高性能船的一种。因此要了解气垫船,还是要追根溯源,从高性能船说起。

> 图1 气垫船在水面上航行

> 图2 气垫船在冰上航行

> 图3 气垫船在沙地上行驶

> 图4 气垫船在雪地里前进

第1章 这是一艘"腾空"的船

船舶中的"飞毛腿"
高性能船

20世纪30—40年代以来，世界上出现了一些造型奇特的船舶，这些"奇葩"船舶有的会"飞"，有的会"滑"，有的前后长着"水翼"，有的船底蹬着"气垫"……对于这些长相奇特、速度奇快，与传统船型不同的非排水型船，人们称之为高性能船。

那么什么是排水型船呢？排水型船是依据阿基米德原理，靠静水浮力支撑其重量使其漂浮在水上的传统船舶。可以说，自船诞生以来的几千年中，无论是古代的独木舟、艨艟战舰，还是现代的万吨客货船、航空母舰，无论其大小、简繁，大多数属于传统的排水型船范畴。

传统的排水型船舶在长期发展过程中，其性能有了很大的提高，但也存在一些不足，主要表现为以下两点：

一是航速提升受限。水能载舟，亦能"阻"舟。排水型船航行时除摩擦阻力外，还有兴波阻力，前者由船的黏性引起，后者由航行时兴波引起。尤其是航行时，船兴波阻力的增加比船速的增加要快得多，这是排水型船的航速增加受限的一个主要原因。

二是耐波性较差。所谓耐波性就是当船舶在风浪中航行时，具有足够的稳性和船体结构强度，并能保持一定的航速安全航行的能力。排水型船虽然采用各种减摇装置，但仍无法适应一些特殊船舶所需要的稳定平台的要求。

为了弥补排水型船舶以上两点航行性能的不足，人们绞尽脑汁，但收效甚微。直到同为交通运输工具的"后起之秀"——飞机问世后，人们受飞机速度提高之快的启发，大胆设想如果船体的全部或部分脱离水面，既可能大大减少船的阻

> 图5 水翼艇

力、提高航速，也可能减少波浪对船舶的影响、提高耐波性。

人们通过不断地探索实践，终于研制出了滑行艇、水翼艇、气垫船等有别于排水型船的高性能船，从而也开启了船舶航速的飞速发展，诞生了一批船舶中的"飞毛腿"！

这些高性能船按船舶水动力学特性及其支承原理可分为静水浮力型、水动升力型、空气静升力型、空气动升力型和复合型。

> 图6　双体船

> 图7　水翼双体船

表1　几种类型高性能船的比较

类　别	定义/原理	典型船型	主要特点
静水浮力型高性能船	利用静水浮力支撑船体的重量，与排水型船相似	双体船、小水线面双体船、双体船派生的多体船和穿浪双体船等	船型与排水型相比有所改善，从而减少了水的阻力和波浪干扰，其航行性能也有较大的提高
水动升力型高性能船	利用高速运动时船底的滑行面或水翼所产生的水动升力支撑，使船体脱离或部分脱离水面，减少水的阻力和波浪的影响	滑行艇、水翼艇	具有较高的航速
空气静升力型高性能船	利用船底和特制的"围裙"形成的封闭气垫产生静压力，把船体全部抬离水面，大大减少了水的阻力，船舶航速有较大的提高	全垫升气垫船、侧壁式气垫船	不仅航速高，其中全垫升气垫船还具有两栖性，适用于狭窄水道、沼泽地航行，也可用作两栖作战
空气动升力型高性能船	凭借带有翼形的船身贴近水面高速航行时表面效应产生的气动升力支撑船体重量，并把船体抬离水面	地效翼船	既具有小型船舶的装载能力，也具有排水型船和其他高性能船不能相比的高速度
复合型高性能船	多型高性能船相互杂交形成	水翼双体船、双体气垫船、水翼气垫船等	集各型高性能船之长，性能优异，代表了高性能船的发展方向

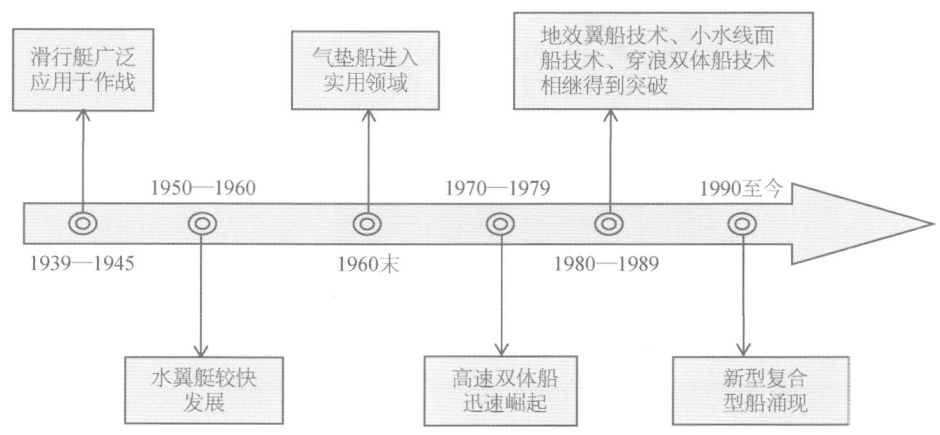

> 图8　高性能船的主要发展阶段

高性能船与常规排水型船相比，具有高航速、浅吃水、耐波性、两栖性等特点，是现代船舶的佼佼者，具有很大的发展潜力。人们通过采用高性能船不仅开辟了高速水上客运，促进了社会经济的发展，而且在军事上也将其广泛应用于快速攻击战、水雷战与反水雷战、两栖作战，大大提高了武器装备性能。

高性能船中的"磁浮列车"
气垫船

磁浮列车与当今高速列车相比，具有许多无可比拟的优势：导轨与机车之间"无轮"行驶，几乎没有摩擦，时速高、能耗低、振动小。与磁浮技术类似，气垫船凭借着其强大的气垫提升功能，也具有其他许多船型无法比拟的高航速，可谓是高性能船中的"磁浮列车"。其速度犹如海上的一阵旋风，备受各国关注。

那么作为"军事领域磁浮"的气垫船，与磁浮列车相比，它的工作原理又是

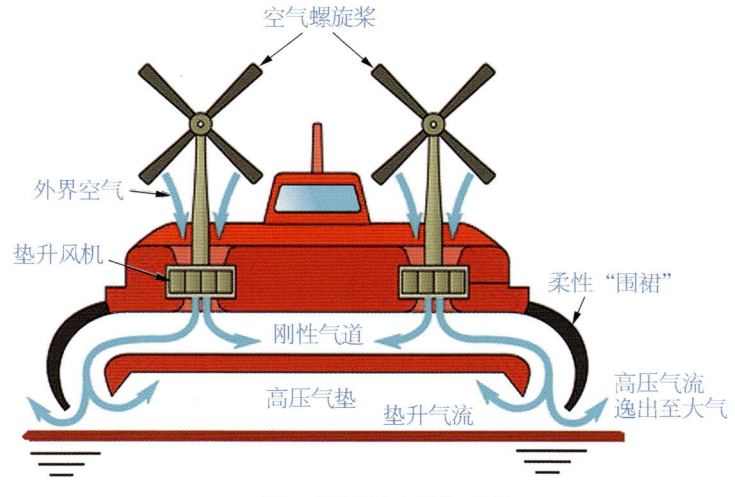

> 图9 气垫船基本原理示意图

怎样的呢？原来气垫船的核心秘密全在船底。其基本工作原理是利用大功率垫升风机将空气吹入船底，由于船底周边全部或部分用"围裙"封闭住了，空气在船底与水面之间形成高压气垫，使船体垫升起来，从而大大减小船体航行时的水阻力。

基于气垫船的基本工作原理，它既可贴近水面航行，又可在陆地行驶，但无须像车辆那样靠轮子与地面接触。气垫船虽然像一般船舶那样在水面航行，但又不像一般船舶那样靠水的浮力来支撑；气垫船能够飞行，但又不像飞机那样完全腾空而起。由此可见，气垫船是一种介于车辆、一般船舶和飞机之间的特殊船舶。

> 图10 气垫船与集装箱船航行兴波对比图

与包括传统船型在内的其他船型相比,气垫船的优势很明显,主要有以下四个方面:

第一,速度快。气垫船由于脱离水面腾空航行,受水的阻力影响较小,因此可以获得比普通排水型船舶高得多的速度。气垫船的航速一般可达60~80节,有的甚至能达到100节,也就是185千米/时。这时的气垫船就是名副其实的飞船,不仅比常规排水型船舶航速最快的集装箱船24.5节快好几倍,而且比一辆高速公路上的小轿车限速100千米/时还快。

第二,稳性好。由于气垫船能吸收波浪中的部分能量,使船体承受的冲击力减小,从而具有良好的稳性和耐波性,可以较好地保证船体安全和机器设备正常运转。

第三,适应性强。气垫船不仅可在海上、江河上航行,也可在浅水、急流中飞驰,有的还可以在浅滩、草原、沙漠、冰雪等多种复杂环境下行驶。

第四,气垫船不需要特殊的码头设备,停靠、启动等都非常方便,这也是其他船型所不及的。

不过气垫船也不是万能的,它的弱点是在相同的载重量和船重的条件下,其体积较大,对重量变动敏感,操纵起来也较为复杂。

> 图11 美国LCAC气垫登陆艇"围裙"(棕色部分为"围裙"上部的大囊,下部靛蓝色部分为"手指")

> 图12 气垫船

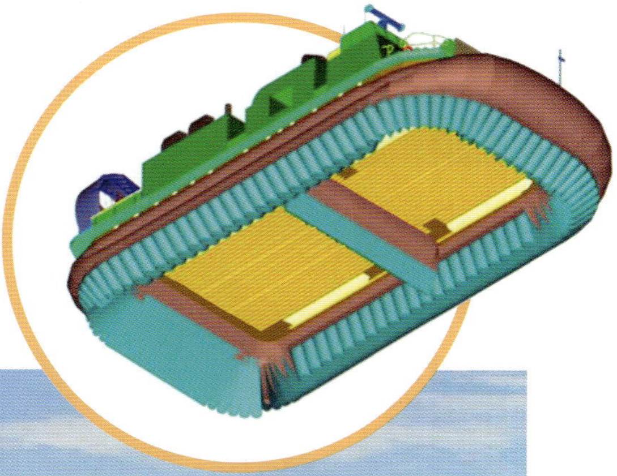

起源与发展

气垫船的前世今生

自世界上第一艘气垫船诞生以来，气垫船已经经历了半个多世纪的历程。在这几十年的历程中，气垫船随着"围裙"、周边射流理论等技术的不断突破和改进，以及高速柴油机、燃气轮机等相关技术的迅速发展而得到迅速提升。其发展历程大约可划分为以下三个阶段。

第一阶段：气垫船的起源、研究和试制阶段（1953—1959年）

气垫船的起源与"气垫船之父"

说起气垫船的起源，不得不介绍一下"气垫船之父"——克里斯托弗·科克雷尔的故事。

那是在1950年，英国电气工程师克里斯托弗·科克雷尔疯狂爱上了造船工业，于是辞掉了原有工作，用自己的全部积蓄同妻子一起创办了一家小型造船公司。这时，科克雷尔脑海里所考虑的是怎样才能造出速度更快的船艇。他认为船艇速度提不高的原因是船底与水面间的摩擦所产生的阻力。经过反复的研究，他发现如果用空气作为船与水之间的"气垫"就有可能减小摩擦，从而提高船航行的速度。

> 图13 科克雷尔气垫船模型

科克雷尔把这一设想具体化，他在空的猫食罐头外套上一个空的咖啡罐，用吹头发的吹风机作为动力进行试验。结果靠排气而产生的升浮效果令他非常满意。接着他制造了长约0.5米的模型船，在河里进行试验，又获得成功。它的原理与现今实用气垫船的原理是完全相同的。

这时，科克雷尔准备把自己的发明出售给企业家，但都遭到拒绝。理由非常有趣，船舶制造商认为它是飞机而不是船舶。但是英国研究开发公司总经理哈尔斯培利却独具慧眼，预见到气垫船的重要性，帮助科克雷尔获得了专利权。

当时，科克雷尔加入了NEDC公司，开始制造了一艘长9.1米、宽7.3米的

> 图14　英国早期SRN1型全垫升气垫船

SRN1型气垫船。1959年7月25日，这艘气垫船经历2小时05分顺利横穿了英吉利海峡，成为世界上第一艘载人实际航行的气垫船。

科克雷尔的SRN1型气垫船时速达到65节，是普通渡船的2倍。SRN1型气垫船穿越英吉利海峡的那天正好是布雷修第一次驾飞机飞越英吉利海峡的50周年纪念日。气垫船的出现在当时引起了轰动。

我国气垫船的研究与试制

我国从20世纪50年代后期起也已开展了气垫技术的应用研究以及气垫船的开发，并于1958年建成了一艘铝质气垫试验艇，次年成功进行了长距离试航，比英国的SRN1型气垫船穿越英吉利海峡还早10多天。

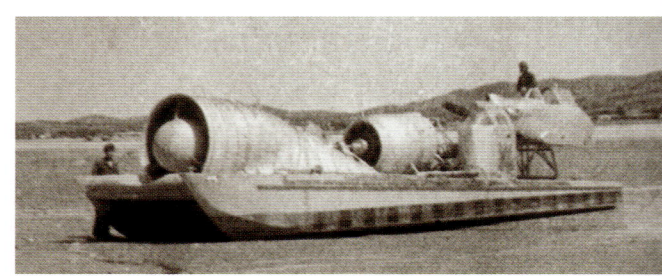

> 图15　我国气垫船鼻祖

第二阶段：气垫船走向实用阶段（1960—1964年）

早期的气垫船采用的是刚性喷口和没有"围裙"的周边射流。1960年，英国的工程师们在SRN1气垫船船体底部首次加装了一种专门的柔性封闭装置——"围裙"，用以兜住垫升气流，形成高压气垫，抬升船体至一定高度。于是气垫船就如同汽车安装了轮胎，能够同时在水面和陆地上航行。从此，气垫船基本原理和理论发展成熟，进入应用发展时期。

20世纪60年代初，英国海军就组建了气垫船试验分队，对不同类型的气垫船进行一系列的作战环境试验，如用于猎扫雷、两栖登陆、发射导弹、反潜等，并从中选出合适的艇型。

1961年5月，英国人宣称，气垫船可作为民用客船、渡船，以及军用的登陆艇、反水雷艇和快艇。1963年，英国人在建造SRN2型气垫船时引进了气囊结构，使"围裙"的高度和承受波浪冲击的性能均有显著提高。1964年，英美等国对气垫船的"围裙"连接方法、飞升、推进和操纵装置等方面都做出了很大的改进。

> 图16 英国Griffon 8100TD型气垫船

第三阶段：气垫船全面发展阶段（1966年至今）

1967年，英国在SRN3型气垫船上使用囊指型"围裙"，它使气垫船的耐波性和适航性都有较大改善，为气垫船向大型化和军用方向发展创造了条件。1968年，英国气垫船公司（BHC）建成了180吨重的大型高速客运气垫渡船，它的研制成功告诉人们，气垫船在民用方面同样大有可为。

英国气垫平台公司建立于1970年，负责开拓、设计和制造重吊气垫船。这种独特的经验和知识，以及40多年的成功设计、开发和运营，与海洋制造业和基础设施建设相结合，使得英国气垫平台公司成为国际重吊气垫船的最佳选择，处于世界领先地位。

20世纪70—80年代起，随着气垫船技术成熟，气垫船开始被应用于登陆运载平台。

> 图17　美国LCAC气垫登陆艇首制艇携载主战坦克航行

 第1章 这是一艘"腾空"的船

第 2 章
气垫船家族与用途

自20世纪50年代第一艘气垫船诞生以来，气垫船的发展速度很快，应用范围也越来越广。在不同的军民用途中，气垫船的种类在不断增多，家族也在不断壮大。下面就来一起认识一下气垫船家族中的主要成员及其它们的各种用途吧。

气垫船的分类

随着气垫船的发展，气垫船的数量和型式不断增多，对气垫船的分类也存在多种方法：有的按船体举升原理分，有的按产生气垫的方式分，有的按船体材料分，有的按航行状态分，有的按气垫船用途分。

气垫船举升三角形中展示了气垫船的族谱，展示了现有气垫船种类的定位分布。本书基于族谱经典的"举升三角形"，从船体举升力的角度按照船体速度与支撑类型，将气垫船分为全垫升气垫船和侧壁式气垫船。

全垫升气垫船

全垫升气垫船的船体周边下部装有柔性"围裙"，在垫升风机提供的高压气流作用下围成气垫，使船体运行时基本悬浮在支承表面之上，同时采用导管空气螺桨提供推力而高速航行。

全垫升气垫船具有优越的两栖性和越障能力，不仅可在水上高速航行，也可在沼泽、冰面、雪地、浅滩和沙漠等地域运行。正因为其独一无二的特点，因而全垫升气垫船是所有气垫船中应用最为广泛的一种。

首先，全垫升气垫船是世界上最理想的登陆作战运输装备，它的高航速、强两栖性大大提高了抢滩登陆速度，扩大了可登陆范围，增大了战术突然性。

其次，全垫升气垫船能够在无码头设施的沿海岛屿停靠，实施无码头组织不间断的后勤补给，有利于向纵深突击，因此成为训练、扫雷、反潜等军事多用途艇的理想艇型。

最后，全垫升气垫船还能担负起在浅滩、滩涂、岛屿间巡逻警戒、交通运输的任务，甚至在特殊地域抢险救灾、海事救助等方面也都有较多应用。

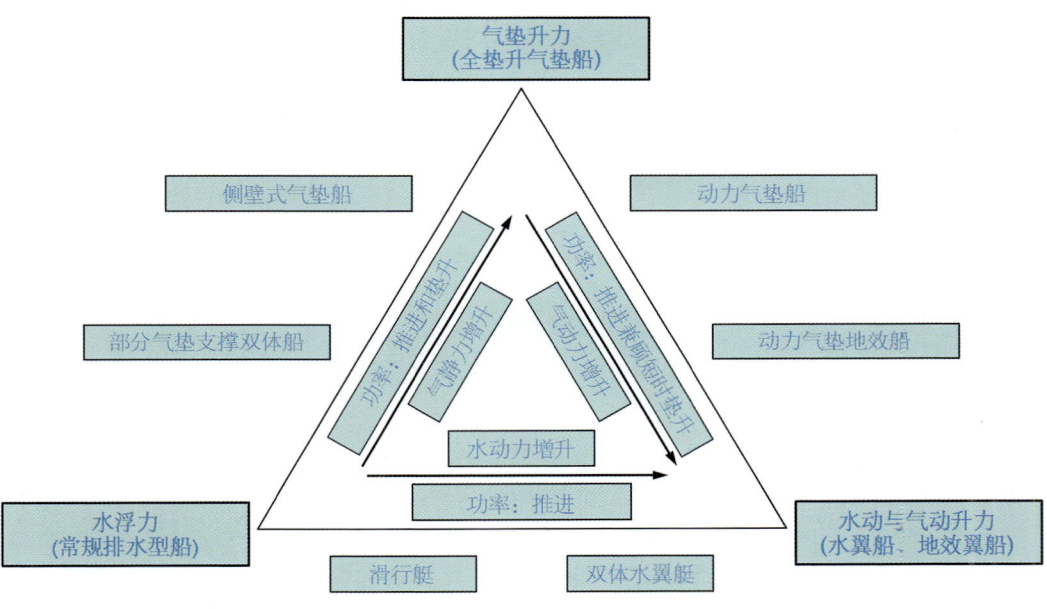

> 图18 气垫船举升三角形

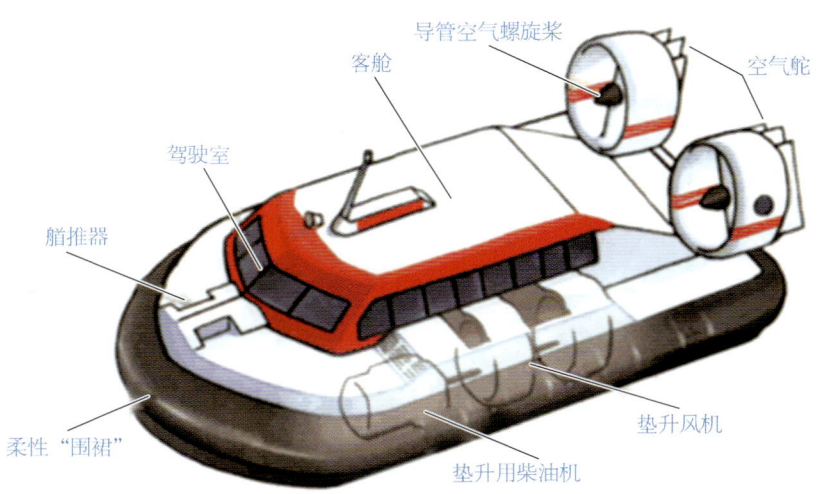

> 图19 全垫升气垫船原理简图

> 图20 全垫升气垫船

第2章　气垫船家族与用途

（a）登陆

（b）导弹快艇

（c）客运

（d）破冰

> 图21　全垫升气垫船的用途

侧壁式气垫船

侧壁式气垫船又称表面效应船（SES），它以部分浮力辅助支撑，速度相对较低，早期还被称为捕捉气泡船。

侧壁式气垫船一般为双体船型，两侧为薄的刚性侧壁，或为非对称双体船型，静态时侧壁或双体浸入水中支撑船重量。船艏、艉装有柔性"围裙"，与侧壁及船体底面一起围成封闭空间，在垫升风机产生的高压气流作用下产生气垫，将船部分

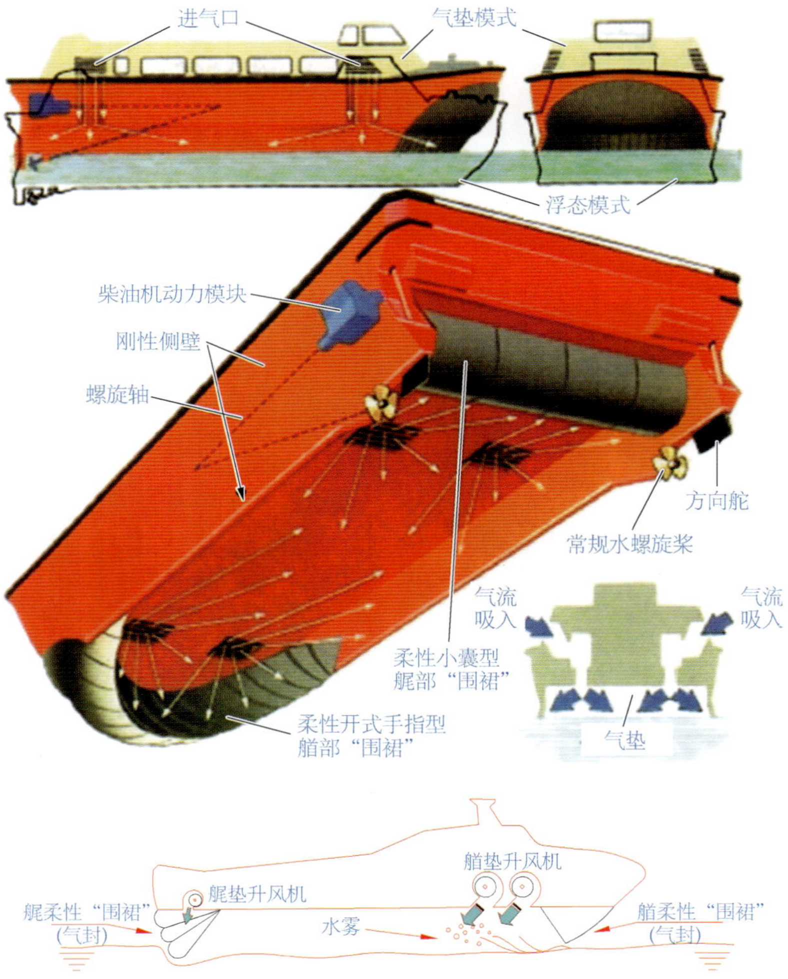

> 图22 侧壁式气垫船原理简图

> 图23 侧壁式气垫船采用的推进方式（左为超空泡水螺旋桨，右为喷水泵）

垫高，船体下部形成气垫空腔，以减小侧壁或双体浸入水中的比例，从而减少船体产生的阻力。

由于侧壁式气垫船垫态航行时不脱离水面，因此与全垫升气垫船采用导管空气螺旋桨推进不同，侧壁式气垫船一般采用更为高效的水螺旋桨或喷水泵推进。但在垫态航行时，侧壁式气垫船吃水减少，尤其是气垫压力较高时，刚性侧壁的内吃水更小。

侧壁式气垫船有良好的操纵性和航向稳定性，但不具备两栖性。不过由于这种气垫船气腔中的空气不易流失，相比全垫升气垫船，其气垫升力仅需分担一部分船重，消耗的风机垫升功率小，因而有利于大型化发展。其军用价值颇受各国海军重视，认为它比全垫升气垫船更有发展前途，美国海军甚至称其为"水面舰艇发展史上的一次重大革命"。

由于侧壁式气垫船仅艏、艉设有柔性"围裙"，气垫泄流周长小、泄流量小，所

水螺旋桨的小秘密

水螺旋桨桨叶前为吸力面，产生较大负压，桨叶后为压力面，由此构成向前推力，其中主要由前吸力面提供推力。因此在小吃水区，再加上前方水上的高压气垫，很容易造成水螺旋桨吸力面吸进空气而产生气泡，使螺旋桨推进性能下降，同时空泡的破灭还会引起桨的严重剥蚀与振动。

因此一般都把水螺旋桨设计为超空泡桨，即牺牲叶型背面吸力区的升力，增加叶面压力区的升力，减少由局部空泡产生的剥蚀现象，同时减少浅吃水所造成的桨推进效率下降。

> 图24 英国研制的PACSCAT侧壁式气垫船

需气垫垫升流量也小,从而仅需消耗较少的垫升功率即可显著改善船的阻力、耐波性等总体性能,因此在军用及民用领域获得广泛应用。

> 图25 侧壁式气垫船(盾级侧壁式气垫快速攻击艇)

第2章　气垫船家族与用途

气垫船的用途

无论是全垫升气垫船还是侧壁式气垫船，可谓各有特色、各有神通。那么究竟它们在军民领域中得到了哪些应用呢？下面将对其一一介绍。

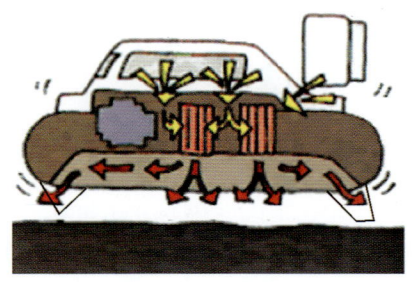

> 图26　卡通气垫船原理示意图

气垫船最大的用途要属登陆作战，除了超越登陆这一突出"成就"以外，气垫船还被广泛应用于其他军事和民事行动中。如在军事用途中，主要包括扫雷、反潜、导弹发射平台、炸雷等；而民事用途则主要包括交通运输、巡逻、破冰等。由此可见，气垫船的确是一名"多面手"。

气垫船的军事用途

气垫登陆艇

随着世界各国海岸防务武器的不断增加和更新，传统的登陆作战方式已不适应现代战争的需要。为了改进和提高人员及装备的运送能力，强化重型装备迅速登陆的能力，各国海军纷纷将目光聚集到气垫登陆艇上。

气垫船具备良好的通过性和两栖性，可大幅减小因潮汐、水深、雷区、抗登陆障碍和近岸海底坡度等对登陆行动的限制。此外，气垫登陆艇在战斗装载的情况下，仍能以30～40节甚至更高的航速航行，大大缩短了登陆部队暴露于敌岸防火力下的时间，加快上陆速度，提高登陆部队的安全性。

> 图27　LCAC气垫登陆艇的登陆图

> 图28 ZUBR型气垫登陆艇的登陆图

军事多用途船

20世纪60年代,英国气垫船公司设计建造了SRN5与SRN6型气垫船,SRN5型发展为美国贝尔公司的SK-5型,成为第一种参加实战的气垫船,可执行训练、救援、巡逻、侦察搜索、突袭和伏击等多种任务。

1970年,英国气垫船公司为英国皇家海军设计建造了BH7型气垫船,可用于试验、后勤支援、导弹攻击等。

> 图29 美国SK-5型气垫船

> 图30 英国BH7型气垫船

第2章 气垫船家族与用途

美国在LCAC气垫登陆艇成功应用的基础上先后进行了用途多样化试验，如搭载人员输送模块用于输送大量作战部队、开展近岸浅水区的扫雷、航道开辟、反潜等。

扫雷破障 气垫船能大部分或全部脱离水面运行，且自身的船体场、磁场、压力场等特征不明显，水中的障碍物一般对其无作用或作用较小，水中的爆炸物也不易被其引爆。

如传统的阻碍排水型舰艇的障碍物和一些岸滩障碍物对其不起作用，而一般水

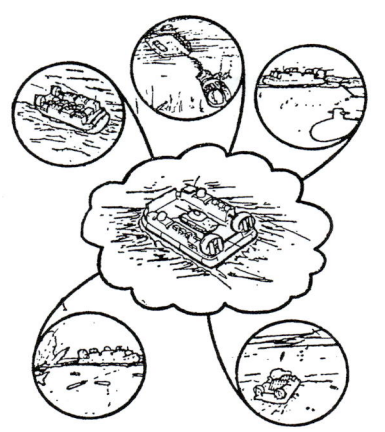

> 图31 LCAC气垫登陆艇用途多样化扩展（从左上角沿逆时针方向依次为航道开辟、扫雷、反潜、导弹发射平台、炸雷）

> 图32 美国LCAC气垫登陆艇携载人员输送专用模块

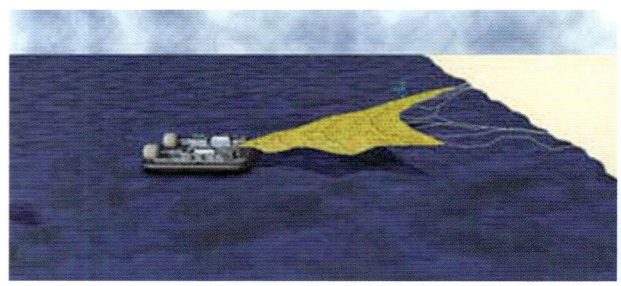

> 图33 美国LCAC气垫登陆艇用于浅水炸雷

> 图34 BH7型气垫船扫雷试验

雷也不会在气垫船驶过时爆炸。且即使在气垫船附近的水里爆炸，其对气垫船的损坏程度远比排水型舰船小得多，因为气垫船底下的"气垫"能相当程度减少水中爆炸冲击波的影响。

利用这一点还可以运用气垫船作为扫雷平台，搭载扫雷具扫雷。当气垫船作为破障分队的输送平台和工作平台时，由于其航速高，可以节省不少航程时间；还可以利用其越障的特点，将破障分队在障碍区自由输送，从而可采取灵活多样的分段破障方法，加快破障作业进程，提高破障效率。

反潜能手　气垫船由于脱离水面航行，水下物理场小，其噪声特征小，不易被潜艇发现，且潜艇对其有效的攻击能力很有限，因而受其威胁较小，是很好的反潜平台。由于气垫船拥有强大的运载能力，可以搭载较多的反潜武器，一旦发现

> 图35　气垫船对水下影响小，可应用于反潜

潜艇目标，气垫船可以对其进行长时间、高密度的打击。此外，气垫船具备高速航行能力，可以灵活、机动地跟踪和拦截水下潜艇。

导弹发射平台　气垫船航速快，受到海浪等海况的影响小，船身隐蔽性较好，且具有两栖性，这些特点使气垫船非常适合用作导弹或其他武器的运载工具。如果

> 图36　英国VT2型气垫船

气垫船搭载反舰导弹，往往可以取得突袭的效果。英国105吨级的BH7-VT2型气垫艇装有2枚"奥托马特"舰舰导弹和1门76毫米自动舰炮，其表现深得英国军方的认可。

而对于侧壁式气垫船，在军用领域主要有美国100吨级的侧壁式导弹试验船——Aerojet公司的SES100A型与Bell公司的SES100B型，实测最大航速达98节。在这两型船试验成功的基础上，进一步提出了航速高达100节的3 000吨级大型侧壁式气垫船（3KSES）研制计划。

> 图37　美国100吨级侧壁式气垫船

> 图38　美国3 000吨级侧壁式气垫船效果图

> 图39 苏联Dergach型侧壁式气垫船

1987年，苏联建造了大型军用侧壁式气垫船Bora型和Dergach型等，其中Dergach型仍为目前世界上最大的侧壁式气垫船。

Dergach型侧壁式气垫船排水量达1 100吨，设置有升降式导弹发射架，采用柴-燃联合驱动，气垫状态航行速度大于50节，四级海况大于40节，双体航行状态航速大于18节。采用柴油机驱动模式，艏、艉气封可收起，以双体排水状态航行。

德国、法国、瑞典、挪威、英国等国也研制了多型军用侧壁式气垫船。

> 图40 瑞典隐形Smyge型侧壁式气垫船

> 图41 挪威侧壁式气垫巡逻艇

> 图42 英国侧壁式气垫船1/3缩尺模型耐波性试验(船上有人操纵)

 ## 气垫船的民用用途

交通运输船

世界上现有的最大气垫客船,要数英国为横渡英吉利海峡而建造的SRN4-MK3型全垫升气垫船。它采用的是全浮式,特征是用空气螺旋桨推进(如同飞机的螺旋桨一样),船的底部四周装有尼龙橡胶布制成的"围裙",高压空气自船底射出,在船底和水面之间形成气垫支持船体的重量,以减少航行阻力。航速平均每小时100千米,可载客416人、汽车55辆。

> 图44 SRN4-MK3气垫船高速航行

而对于侧壁式气垫船,其民用用途也主要用于交通运输。我国研制了719、721型侧壁式气垫交通船,其中20世纪90年代研制的721型船的艏、艉采用了响应柔性"围裙",性能优良。

日本2005年研究制造了TSL-A140 OGASA WAR侧壁式气垫船,为世界上同类渡船中最大的。

气垫船的运输速度快,费效也比较高,在一些场合下是作为运输物资等后勤补给品的很好方式。另外在搜索、营救海上伤员等方面也有较大的优势:一方面搜救速度快,可以在较短时间内有效搜索较

> 图43 SRN4-MK3型气垫船剖视图

> 图45 中国719型侧壁式气垫交通船

大范围的海域；另一方面营救方便，可以直接停在海面，比直升机悬停工作容易，且受环境干扰小得多，可适应较高海况。

> 图46 中国721型侧壁式气垫交通船

> 图47 日本TSL-A140 OGASAWAR侧壁式气垫船

> 图48 美国LCAC气垫船冰区航行试验

气垫破冰船

自从20世纪70年代以来，全垫升气垫船在海洋环境下的民用领域做了不间断的试验，其中在寒冷气候（包括极地环境）下的气垫船破冰应用亦不断进行着探索研究。

极地冰原并非一马平川，而是散布着众多冰脊、冰棱堆积。英国、美国、俄罗斯等国对全垫升气垫船用于极地破冰、开辟航道和巡逻等领域进行了大量的试验和研究，这些经历对评估现有全垫升气垫船及提出未来设计方案做出了卓越贡献。

> 图49 英国AP1-88/DASH400型气垫破冰平台

> 图50 俄罗斯新型自航式破冰船破冰效果图

气垫船在冰面拥有神奇的高效破冰能力。气垫船下部"围裙"围成的气垫内的高压气流可使得水面向下凹陷，当船在冰面上航行时，传入冰下的气流形成的气垫兴波在冰面下形成空穴，从而使得局部冰面失去支撑。当船经过时，重力作用使得冰面破裂，同时气垫兴波在船艉处使得冰缝进一步扩大，如此起到破冰作用。

除了能够高效、动态破冰的气垫船外，破冰气垫平台（ACIB）也可用于破冰，但其破冰效率相对较低。破冰气垫平台搭载于大型常规排水船前，代替破冰船的艏部压冰、破冰功能，可以开辟航道。

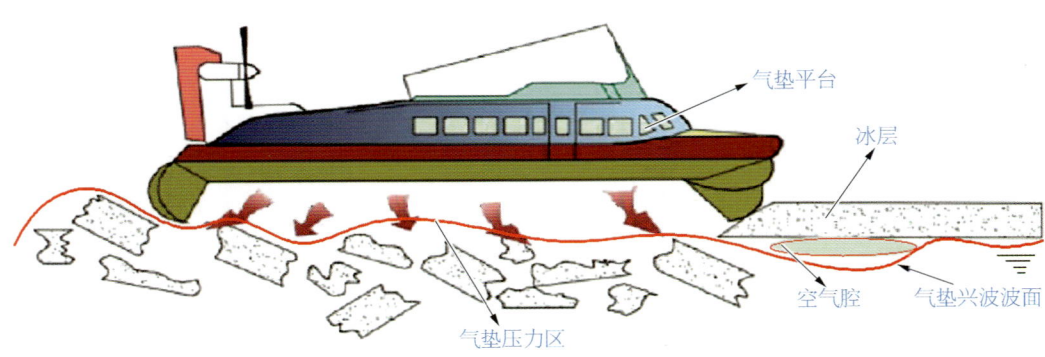

> 图51 气垫船垫态破冰示意图

> 图52 美国LCAC气垫登陆艇破冰

> 图53 大型气垫破冰平台ACT-100

> 图54 ACT-100由常规破冰船顶推破冰

第3章
超越登陆作战之神器

登陆作战是现代军事行动中极其复杂、艰巨的作战模式之一,因此各种最新的武器装备与技术必然会在登陆战中得到广泛的试验和运用。

现代运输技术为突击上陆提供了各种高速工具,如直升机、气垫船航速分别可达110海里和60海里(1海里=1.852千米)以上,比登陆艇要快5~10倍,而且它们还能超越水中、滩头的障碍,成为现代超越登陆作战的必备神器。

超越登陆

现代登陆作战经典模式

现代登陆作战根据登陆部队搭乘不同登陆工具突击上陆的不同,通常包括平面登陆、垂直登陆和超越登陆三种模式。

表2 三种常见登陆作战模式比较

模式	平面登陆	垂直登陆	超越登陆
搭载工具/登陆方式	登陆舰艇、两栖装甲车辆以及小型高速舟艇等排水型输送工具,是传统两栖作战的唯一上陆方式	直升机等空中输送工具	搭乘气垫登陆艇或地效应飞行器等垫升型运载工具,沿海平面一定高度快速机动并在沿岸滩头突击上陆
优点	搭载能力大,是登陆部队主力以及压制兵器和辎重上陆的主要方法	突击上陆速度快;可避开水际滩头抗登陆障碍物;可在一定纵深着陆,独立夺占目标,或配合主力部队的平面登陆;换乘行动简单快捷;可快速反复运载	综合了平面登陆和垂直登陆的优缺点,在机动速度、越障能力、换乘行动以及搭载能力等方面,均介于平面登陆和垂直登陆之间
缺点	突击上陆速度慢;要进行费时、复杂的换乘行动;由于机动速度慢,因此要在距敌海岸较近的海域换乘,受敌火力威胁大	直升机运输能力不强,通常只能搭载人员以及伴随兵器和一些轻型装备,致使登陆兵上陆后的突击能力、防御能力以及持续作战能力都受到限制	

平面登陆、垂直登陆和超越登陆三种登陆模式各有优缺点，这三种模式的结合便构成了现代两栖作战的立体登陆样式。但超越登陆作为机动速度等各方面俱佳的登陆作战的经典模式，无疑是未来登陆作战的发展方向和重点。

作为超越登陆的必备神器，气垫船的诞生和发展对现代登陆作战模式的影响和改变起到决定性作用，由传统的涉水登陆模式转型成为无涉水向纵深投送重型装备的超越登陆模式。

在传统的涉水登陆作战中，由于受到登陆器材、登陆设备的限制，无论是人员还是装备都会遇到上陆缓慢、集结困难的问题，即使防守方力量薄弱，攻方依然需要付出重大的代价。

以诺曼底登陆为例，虽然当时德军部署在诺曼底地区的兵力相对薄弱，但盟军在拥有了完全的制海权和制空权的优势下，仍然遭受了重大伤亡。根据《中国海军百科全书》的统计数据，此次登陆战役中盟军伤亡达到12.2万人。

根据记载，德军驻法国B集团军群司令隆美尔非常注重沿海地区的防御建设，在深海中布设水雷，在浅海中设置被盟军称为"隆美尔芦笋"的障碍物，在海滩上设置锯齿状的混凝土角锥、坦克陷阱和大量地雷，在能俯视海滩的制高点构筑隐蔽火力点，海滩后面的开阔地区则布设了大量防机降的木桩等。如此浩大的工程，直到盟军发起登陆时仅仅完成了一部分，但即使这样，依然给盟军登陆造成了不小

> 图55 诺曼底登陆

诺曼底登陆——20世纪最大的登陆战

日期：1944年6月6日—1944年8月25日。

参战方：美国、英国、加拿大、自由法国、波兰与纳粹德国。

登陆过程：1944年6月6日早6时30分，以英美两国军队为主力的盟军先头部队总计17.6万人，从英国跨越英吉利海峡，抢滩登陆诺曼底，攻下了犹他、奥马哈、金滩、朱诺和剑滩五处海滩。此后，288万盟国大军如潮水般涌入法国，势如破竹，成功开辟了欧洲大陆的第二战场。

战争影响：诺曼底登陆的胜利意味着纳粹德国陷入两面作战，减轻了苏军的压力，协同苏军攻克柏林，迫使德国提前无条件投降，从而使美军把主力投入太平洋对日全力作战，加快了第二次世界大战的结束。

损失。

由此可见，在当时的条件下，登陆任务确实是异常艰巨和危险的。设想一下，如果当时盟军拥有气垫船这种冲滩利器，那么登陆战的历时长度、登陆场区域面积和人员伤亡情况是否都将大大不同了呢？

气垫船具备良好的通过性和两栖性，可大幅减小因潮汐、水深、雷区、抗登陆

常规登陆舰登陆

气垫登陆艇登陆

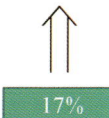

70%

17%

世界上可登陆岸线从常规登陆船型的17%大幅扩展到70%以上，由抵滩涉水登陆转变为直接上岸式干登陆

> 图56　气垫登陆艇可登陆岸线范围大幅急增

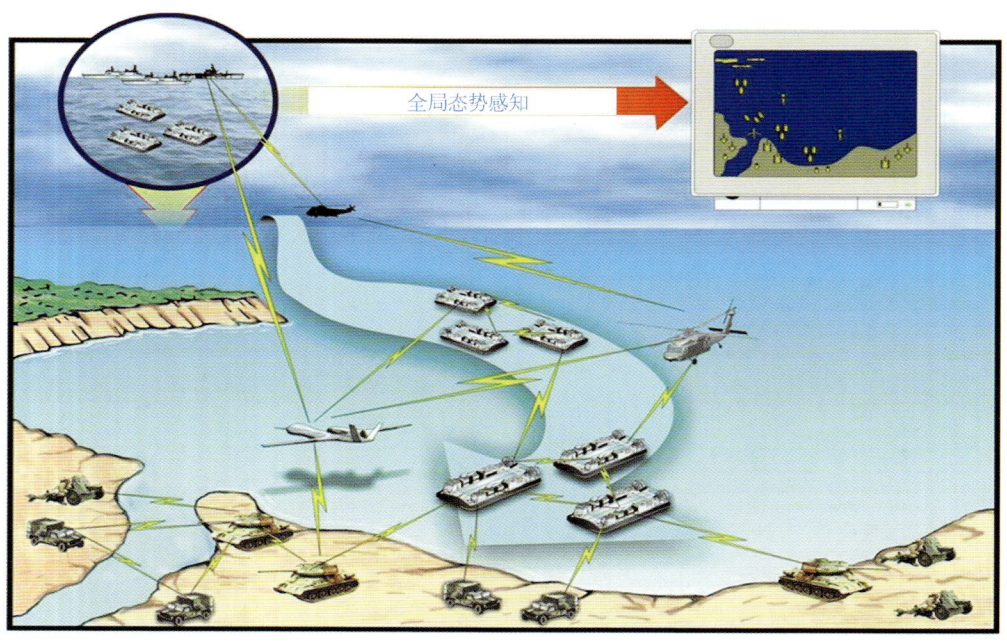

全局态势感知

> 图57　气垫登陆艇由母舰携载实施超越地平线登陆作战示意图

第3章 超越登陆作战之神器

障碍和近岸海底坡度等对登陆行动的限制。据美国研究结果表明，美军LCAC气垫登陆艇使得全球可登陆的海岸线从常规登陆舰适用的17%激增至超过70%。

气垫登陆艇不仅实现了"人不沾水"的干登陆，还能配合垂直登陆的直升机进行多兵种协同作战，实现登陆兵与重型装备立体超越登陆作战。

气垫船的"座驾"

虽然气垫登陆艇具有良好的跨越垂直障碍与壕沟的能力，冲滩越障功能强，可直接跨越滩头阵地将陆战装备运送至敌后，但重装载气垫登陆艇一般使用轻型燃气轮机推进，其热效率低、油耗大，

> 图58 中国新型坞载气垫登陆艇

导致气垫登陆艇续航力有限。因此气垫登陆艇一般需要由母舰坞载运至登陆海域附近,再实施登陆。

以典型的LCAC气垫登陆艇为例,尽管LCAC气垫登陆艇具有爆发力足、登陆性强等优势,但受制于高耗油量和载油量有限等原因,其航程较短,续航力有限。因此在实际的海上巡航过程中,LCAC气垫登陆艇一般是被装载在各类坞载登陆舰中,随母舰一齐前行,等具备任务条件和时机成熟时,方从母舰中驶出并执行任务。

LCAC气垫登陆艇是美军提出的海上基地作战构想的重要一环,LCAC气垫登陆艇能进入美国几乎所有带船坞的大型舰艇,以及北约国家的相关舰船。例如,美国圣·安东尼奥级船坞运输舰可以

> 图59 美国LCAC气垫登陆艇进入母舰坞舱

第3章 超越登陆作战之神器

> 图60 美国LCAC气垫登陆艇在母舰坞舱内

艇，英国海神之子级两栖攻击舰可坞载2艘LCAC气垫登陆艇，西班牙两栖攻击舰Rey Juan Carlos Ⅰ可坞载1艘LCAC气垫登陆艇。

由于LCAC气垫登陆艇的优异性能，日本和韩国也纷纷引进生产了LCAC气垫登陆艇。日本两栖攻击舰"大隅"号可坞载2艘与LCAC同类型的气垫登陆艇。韩国新型多功能两栖攻击舰"独岛"号坞舱可携载2艘LCAC同类型的气垫登陆艇LSF-Ⅱ型。

我国大型两栖船坞登陆舰"昆仑山"号可坞载多艘气垫登陆艇。

坞载2艘LCAC气垫登陆艇，法国西北风级两栖攻击舰可坞载2艘LCAC气垫登陆

直-9舰载直升机　　直-8舰载直升机　　舰载高速巡逻快艇（带舰载艇架）　　新型气垫登陆艇

> 图61 气垫登陆艇可由母舰坞载

> 图62 日本LA 2103型气垫登陆艇

> 图63 高速航行中的韩国LSF-Ⅱ型气垫登陆艇首制艇631（与LCAC气垫登陆艇艉推器不同）

> 图64 韩国LSF-Ⅱ型气垫登陆艇准备进入"独岛"号两栖舰

> 图65 美国LCAC气垫登陆艇从母舰中退出

第3章 超越登陆作战之神器

气垫船编队与冲滩登陆

气垫船编队

在实战使用中，气垫登陆艇一般由母舰运至登陆附近海域再实施超越地平线的干式登陆。通常采取编队航行，登陆编队需根据作战任务、登陆兵的编成、敌方防御情况和海区地理条件等确定。

以LCAC气垫登陆艇为例，美军将两栖舰船编为远征打击群，可一次携载、投放一个陆战营的兵力。通常每支编队内有1艘通用两栖攻击舰（可坞载3艘LCAC气垫登陆艇）、1艘船坞登陆舰（可坞载4艘LCAC气垫登陆艇）及1艘船坞运输舰（可坞载2艘LCAC气垫登陆艇），这样每个远征打击群最多可携带9艘LCAC气垫登陆艇。

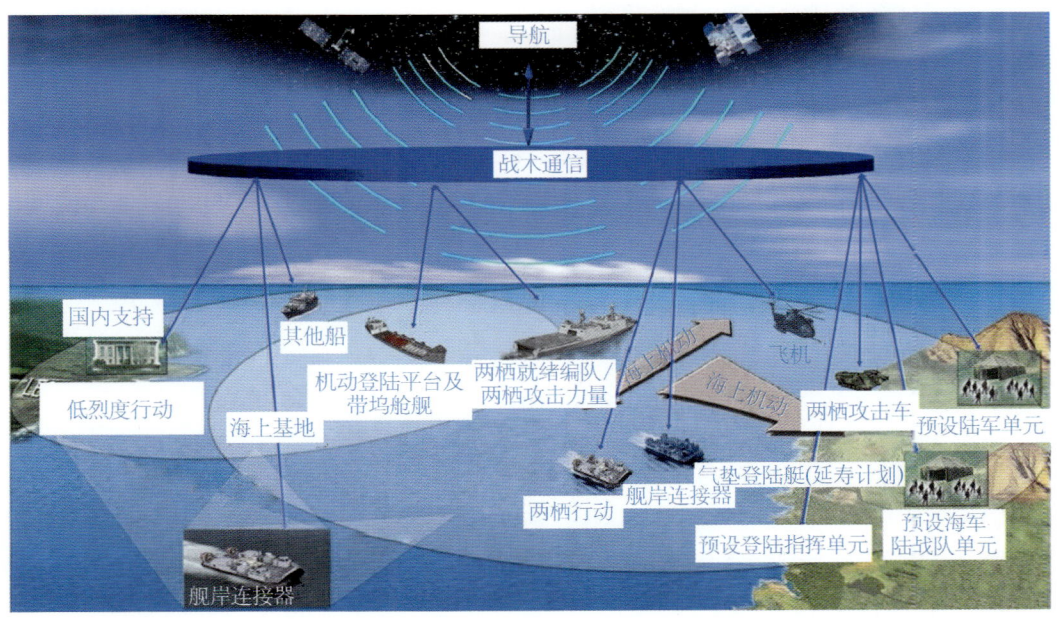

> 图66 美国海上基地作战模式下LCAC、SSC气垫登陆艇的使用示意图（除特别说明外，通信为双向的）

> 图67 母舰释放气垫船伴随航行

> 图68 美国3艘LCAC气垫登陆艇横向并排编队航行

> 图69 美国3艘LCAC气垫登陆艇斜梯形编队航行

> 图70 美国15艘LCAC气垫登陆艇楔形编队航行

> 图71 美国LCAC气垫登陆艇编队航行

气垫船

> 图72　中国大型气垫登陆艇编队航行与冲滩演习

 **冲滩登陆**

满载人员、车辆、物资的气垫登陆艇离开母舰后，便朝着敌方滩头冲锋。由于气垫登陆艇可登陆岸线范围大幅激增，使得敌方任务从以前的点防御变为面防御，分散了防御力量，增加了登陆作战的防守难度。另外，气垫船航速高，减少了士兵暴露于敌方滩头火力覆盖范围的时间，可有效降低伤亡风险。除成建制输送登陆士兵外，气垫登陆艇还能及时输送主战坦克等装甲装备快速登陆，迅速巩固滩头阵地。

> 图73　LCAC气垫登陆艇携载坦克冲滩登陆

第3章 超越登陆作战之神器

> 图74 日本自卫队气垫登陆艇登陆训练

> 图75 中国新型坞载气垫登陆艇登陆演习

> 图76 俄罗斯气垫登陆艇登陆训练

第4章
气垫船的船体构造与关键系统

气垫船

当你赤脚在海边沙滩上的水线交界处漫步时,你是否留意身后松软沙滩上留下的一串串浅浅的脚印?若仔细观察,你会发现刚踩下的脚印中甚至会有一汪海水渗出。松软的海边沙滩都不能承受你的千金之躯,又如何能承受运载坦克等装甲装备重达百吨的登陆艇呢?

滑雪者可在松软的雪地上自由飞驰,秘密就在脚下又长又平的滑雪板上,它增大了滑雪者与雪地的接触面积,分散了单位接触面积需承载重量,从而减小了对雪地的压强,而不至于陷入松软的雪中。

表3 典型运载工具/运行方式与地面接触的压强统计

运载工具/运行方式	与地面接触压强(帕)
步 行	60 000
两栖坦克(60式)	56 000
轻型坦克(1KV91式)	40 000
英国复兴号坦克	35 000
卡 车	10 000
滑雪者	4 000
全垫升气垫船/表面效应船	1 000 ~ 5 000

> 图77 真正具备了水陆两栖性的全垫升气垫船

可见成年人站立时双脚产生的压强为60 000帕，而一个标准大气压为101 300帕，仅仅是成年人双脚压强的1.688倍。滑雪者穿着滑雪板产生的压强为4 000帕，仅为成年人双脚压强的6.67%，故可在松软的雪地上滑行。

与此相对比，全垫升气垫船的气垫压力（即对地面或水面产生的压强）为1 000～5 000帕，接近于滑雪板产生的压强。因此，全垫升气垫船借助于"围裙"气垫系统悬浮在水面上，从常规排水型船的劈波斩浪前进，变为凌波微步、御风而行，完全摆脱了吃水限制，前进阻力大幅减小，航速大幅提高，自如运行在松软的海边沙滩、雪地、沼泽地等，如履平地。

为维持高压气垫，具备水陆两栖性，全垫升气垫船从船体结构、推进垫升系统、船舶系统、电力系统等方面采取了多种措施。下面就逐一进行介绍。

> 图78 全垫升气垫船运行于海滩水线交界处（仅"围裙"下部"手指"与水面接触）

> 图79 气垫船登陆

船体结构

对于气垫船,除"围裙"外,还设有供气气道、垫升风机、驱动风机的发动机,高位布置的导管空气螺旋桨、驱动螺旋桨的发动机等。同时为满足装载需求,还设有装载甲板或装载大舱、艏跳板和艉跳板等,这些都会影响到船的总布置,使得气垫船与其他常规船的总布置有所不同。

与常规排水型船不同,全垫升气垫船在垫升状态下运行时,船体与水面不再直接接触,而是包覆在柔性"围裙"之内,"围裙"形成的高压气垫将船体托起,悬浮在运行表面之上。此时"围裙"线形相当于常规排水型船的船体线形,与船的阻力、稳性、耐波性、垫升性、航行安全性等总体性能密切相关。被柔性"围裙"包

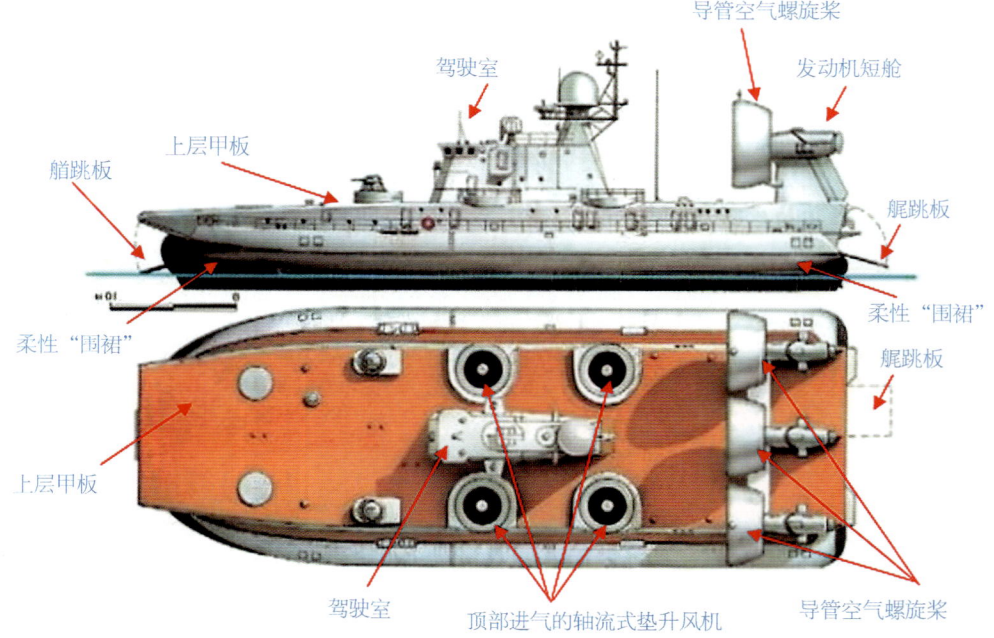

> 图80 俄罗斯ZUBR型气垫登陆艇

第4章　气垫船的船体构造与关键系统　55

> 图81　未穿"围裙"的美国LCAC气垫登陆艇主船体浮箱

覆的主船体——浮箱形状也不再圆润，而是棱角分明。

气垫船结构通常都是盒形结构，对各种船型可以是闭式盒形或上盖敞开的盒形。

气垫船独特的船体结构，还可分为刚性结构和柔性结构。

 **刚性结构**

刚性结构由浮箱、上层建筑和甲板室、艏/艉跳板等特种结构组成。

船体结构重量是全船重量的主要构成，为了有效控制船体重量，实现气垫船

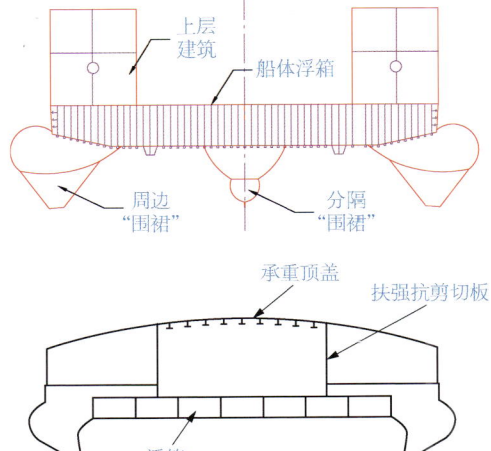

> 图82　典型船体结构的横剖面图（上为边岛式，下为全覆盖式）

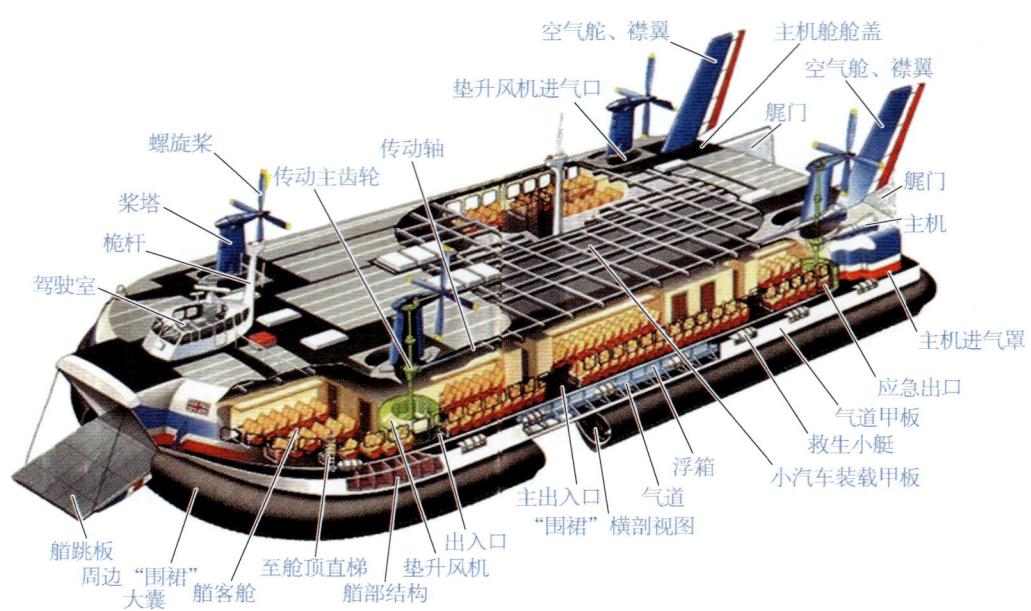

> 图83 英国SRN4-MK3型气垫船系统组成

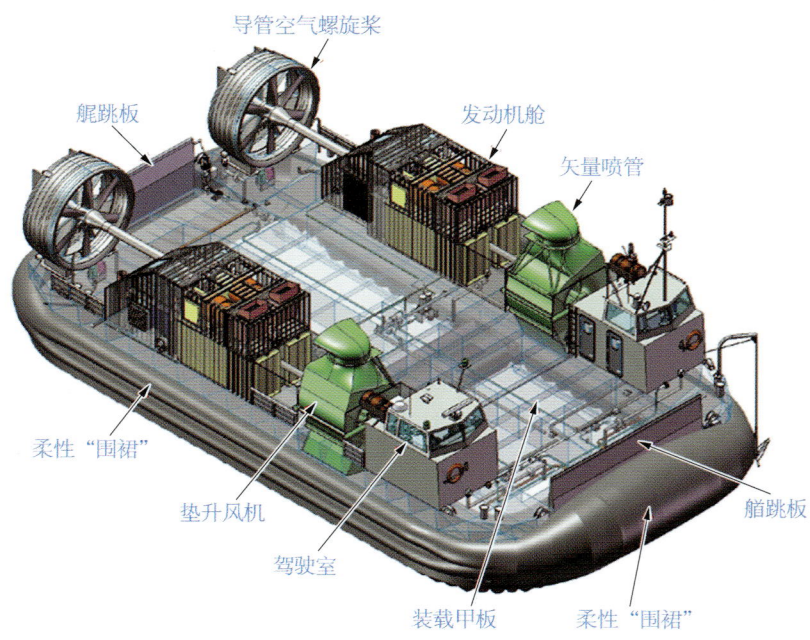

> 图84 采用边岛式上层建筑的美国SSC气垫登陆艇系统组成示意图

> 图85 边岛式上层建筑便于装甲装备的装载、卸载

高航速的运动特性,气垫船的船体刚性结构的材料多选用铝合金材料,并采用轻型铆接与焊接铝结构,这也大大增加了气垫船船体建造工艺的难度。

根据用途的不同,上层建筑又分为全覆盖式、边岛式、前部全覆盖后部边岛式、前部边岛后部全覆盖式等多种型式。全覆盖式上层建筑气垫船一般民用较多,如英国气垫船公司用于横渡英吉利海峡的车客高速渡轮。

而边岛式上层建筑气垫船一般用作军用,其装载甲板前后贯通,以方便装甲装备的过驳装载。

柔性结构——"围裙"

"围裙"是气垫船特有的结构组成部分,也是决定气垫船总体性能的关键要

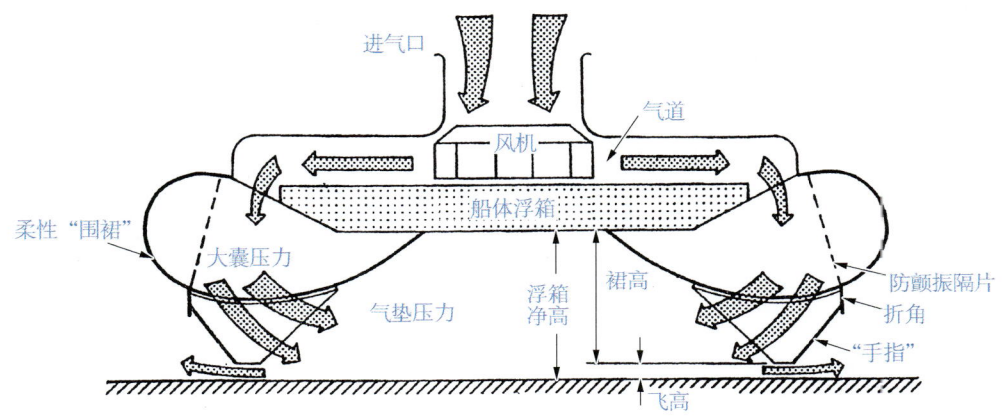

> 图86 "围裙"中气流分配及流向示意图

素。气垫船在垫升状态下,气流经加压后进入"围裙"内,形成气垫将船体托起,悬浮在运行表面之上。

气垫"围裙"应具有较高的耐磨性、抗腐蚀性和抗振动负荷性能,还应具有较好的抗拉强度,且重量小。它通常采用纤维增强的水密和气密的柔性复合材料,在增强纤维织物的双面涂布橡胶层,使其成为一体,保证"围裙"布材料的强度要求,并保持材料气密能力,保护织物不受水、气、油及其他介质的影响。

"围裙"带来气垫船两栖性

由于飞高小,船在波浪中运行时,刚性船体极易触水造成阻力迅速增大甚至导致翻船危险。为了解决这个问题,人们先是想到了用加大垫升风机功率的办法,即提高气垫压力和风量,使船体刚性结构及喷口相应抬高。

> 图87 英国SRN1型气垫船安装柔性"围裙"前后的对比(安装前水花飞溅明显大)

第4章 气垫船的船体构造与关键系统

为了让船能垫得更高从而脱离波浪影响，开始引入柔性"围裙"来围成气垫。柔性"围裙"按照部位可划分为周边"围裙"与中间的纵向、横向分隔"围裙"，周边"围裙"与船体及地面或水面围成封闭空间，形成支撑船体的气垫，而分隔"围裙"将气垫划分前、后或左、右气室，提供船体的纵横稳性。

试验表明，用同样功率的垫升风机，穿上"围裙"的气垫船飞高是不穿"围裙"的（即刚性喷口的气垫船）飞高的8倍。具体说，130吨的气垫船使用刚性喷口，飞高为300毫米时，风扇功率需要7兆瓦，如果围上了"围裙"，垫升风机功率仍是7兆瓦，那么它飞离地面的高度可达到2.4米；否则若要到达这个高度，将需要56兆瓦功率。

正是由于"围裙"的安装，在船底形成柔性气垫，使得气垫船与运行表面之间变为柔性接触，具备了可随波变形的能力，垫升高度大幅增加，刚性船体离运行表面高度增大，提高了越过垂直障碍的能力，真正形成了水陆两栖性。

兼顾随波起伏与抗缩进的响应"围裙"

"围裙"可以分为两大类：一类是非响应"围裙"，即"围裙"在气垫力与水动力作用下只会发生褶皱而不发生位移变形，如筒型裙、指型裙等；另一类是响应"围裙"，即在气垫力与水动力作用下产生大幅位移变形的"围裙"，如囊指型、囊筒型、双囊指型、双囊或单囊套指型等。

现代气垫船一般都采用囊指型响应"围裙"，其上部为周边充气大囊，下部为数量在100个左右的分节"手指"或小囊（艉部）。那么为什么要采用囊与指这样的结构型式呢？

囊指型响应"围裙"的分节"手指"正如人的手指一样灵活，在遇到小波浪时可以随波减小随波阻力，遇到大波浪时则大囊可以随波起伏，减小大浪阻力。响应"围裙"的概念主要指在大波浪里"围裙"大囊随波起伏的能力，该响应能力越大，则波浪阻力越小，船垂向运动加速度越小，即船具有较优良的耐波性能。

小贴士

"围裙"的制作

"围裙"在垫升状态下位于船的最外侧，直接与水面或地面接触，承受外界波浪载荷作用，通过自身的变形响应来吸收波浪能量、减缓船的运动响应。"围裙"设计好坏与船的阻力、稳性、耐波性等密切相关，同样是气垫船的设计难点。

不同于常规排水型船的船体外壳由钢板制成，"围裙"由柔性薄膜状物制成，只能承受拉力，而不能承受弯矩，其设计制造需考虑的因素也更为复杂。除自身的大囊、"手指"、装船连接材料与囊指连接螺件等结构外，还必须具有良好的耐波性、抗低头埋艏、抗颤振等。

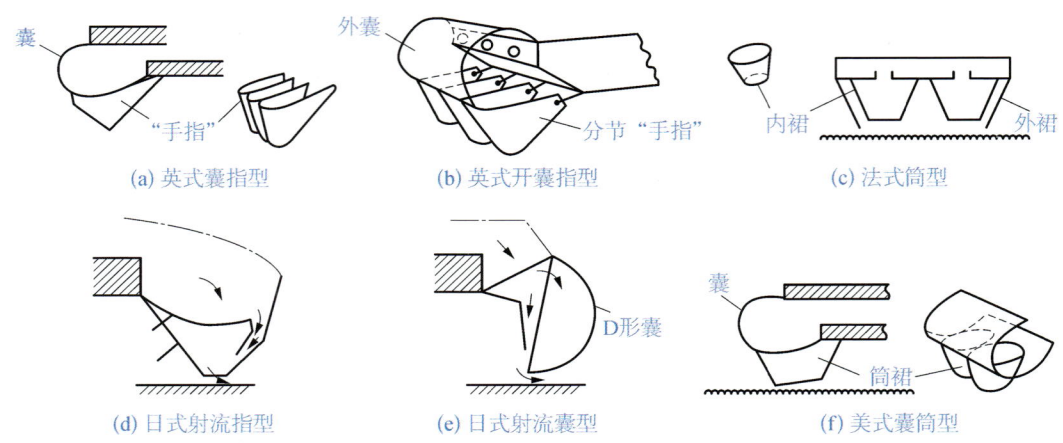

> 图88 不同类型的"围裙"

> 图89 "围裙"下部相互独立的分节"手指"可随着细碎波浪如琴键般局部起伏

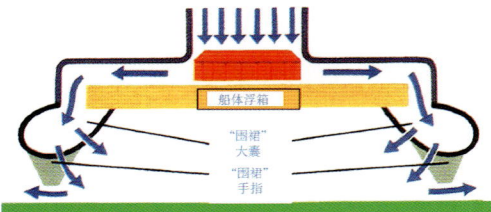

> 图90 垫升风机将外界空气加压后源源不断吹入"围裙"气垫内

柔性"围裙"未充气时在重力作用下自然下垂,垫升时在风机提供的高压气流作用下充气成型,将船体托离水面,仅"围裙"下部的"手指"底端与水面接触。

船垫升时,垫升风机提供的高压气流经气道进入"围裙"大囊,再经"围裙"大囊上的囊孔进入"手指"与气垫,最后经"手指"底端与地面或水面的间隙逸流出气垫,重新进入周边大气环境,形成一个动态平衡过程。由于"围裙"围成的并不是一个完全密封的空间,在垫升风机停止工作时,气垫内的高压空气会因气垫内外压差作用而泄露至气垫外部,直至"围裙"内外气压相等,船处于自然排水状态或着陆状态。

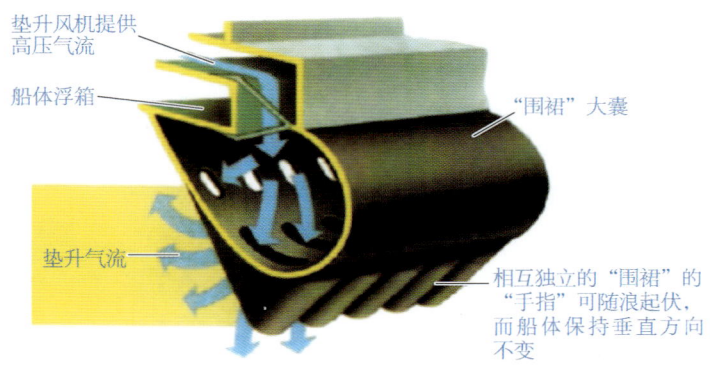

> 图91 垫升气流经"围裙"上囊孔进入"手指"与气垫

为降低气垫船在波浪中阻力及减轻波浪中运动响应,要求"围裙"尽可能软,具有随波起伏能力,让浪效果好;但另一方面,"围裙"若设计得太软,气垫船高速航行时在遭遇与航向相同的突加阵风、特定波长的波浪或其余船兴起的尾浪时,可能会因"围裙"缩进导致船低头埋首而损坏。因此"围裙"设计应兼顾随波起伏与抗缩进能力,但对不同部位的"围裙"侧重点要求不一样。

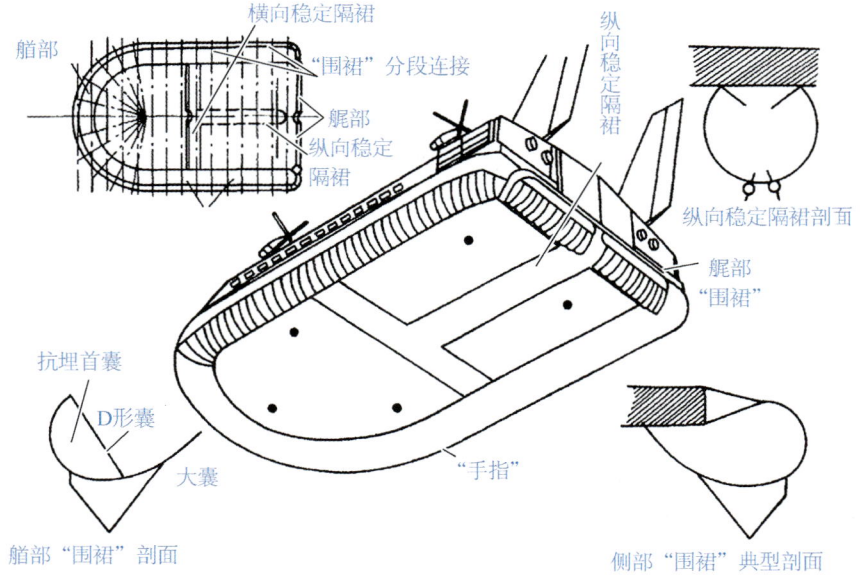

> 图92 英国SRN4型气垫船"围裙"组成

要求艏部"围裙"抗缩进能力强，同时兼具一定随波起伏的响应能力；侧部"围裙"响应度好，同时兼具一定的抗缩进能力；艉部"围裙"响应度最大，能够随波起伏，以减少静水及波浪中的阻力。通过软硬兼施的柔性"围裙"设计可以制服气垫船高速航行中的马失前蹄，以控制高速低头埋首的风险。

"围裙"的稳性

气垫船处于排水状态时的稳性同常规排水型船相似，都是依赖其坚固的刚性船体，依靠左、右两舷浸入水中排开水的体积不同而产生的浮力不同，形成倾斜复原力矩。

垫升状态下，在船倾斜时，下沉一侧

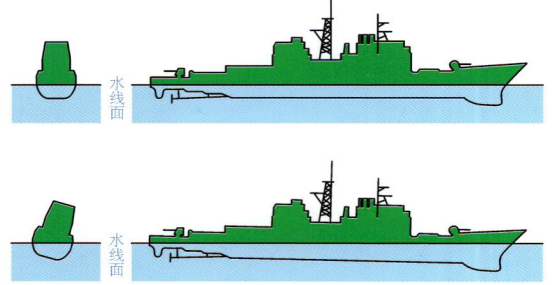

> 图93 常规排水型船倾斜时船体排水量左右或艏艉不再对称而形成恢复力矩

的"围裙"下部"手指"与地面或水面的间隙（泄流飞高）减小，甚至"手指"末端与地面接触，该处无气流逸出，其气室压力相应升高；而上抬一侧的"围裙"下部"手指"与地面或水面的间隙增大，其

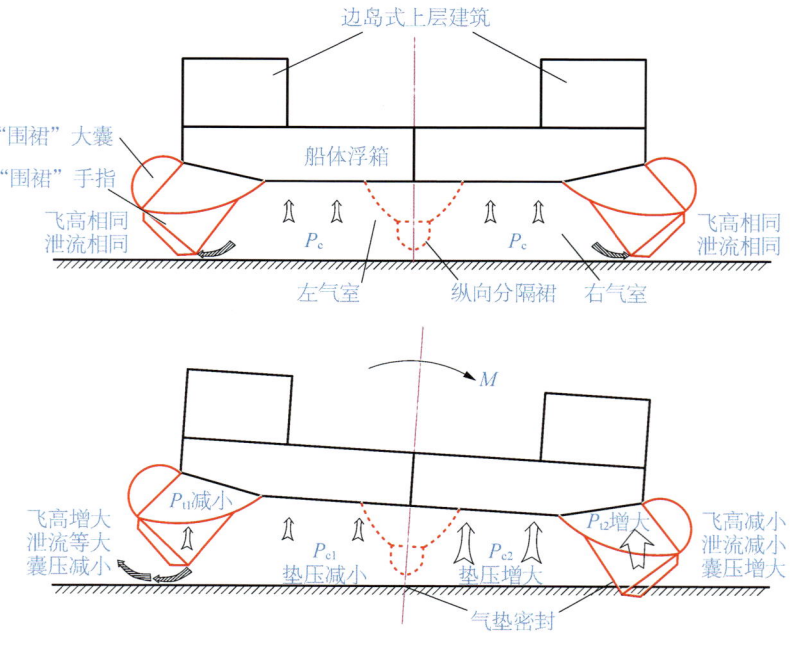

> 图94 "围裙"带纵向分隔裙的气垫船垫态横稳性示意图

第4章 气垫船的船体构造与关键系统

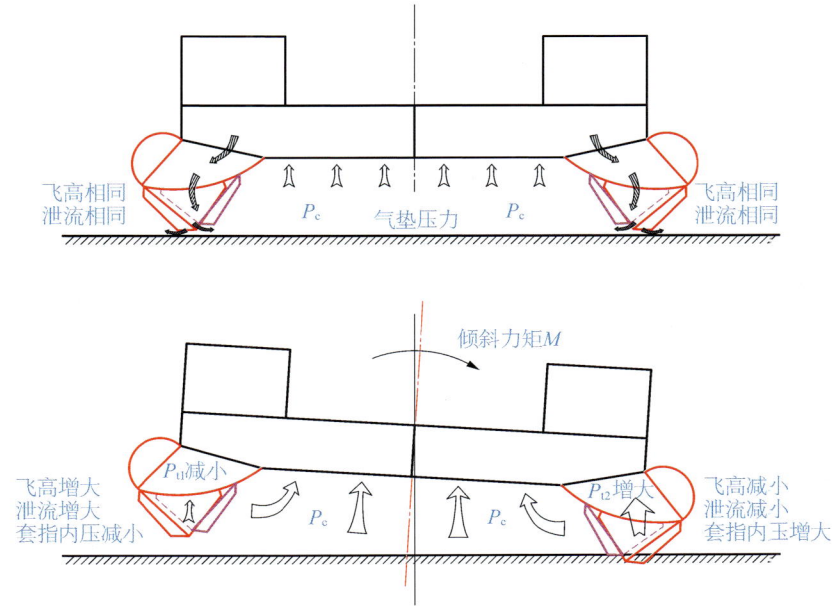

> 图95 套指"围裙"倾斜时由两舷套指内局部压力不同提供恢复力矩

气室压力相应降低。依赖柔性"围裙"左右气室内的气垫压力不同，形成倾斜复原力矩。

气垫船减震原理

气垫船由于其风机、气道、"围裙"大囊与气垫具有复杂的气动振荡回路特性，垂向运动时气流一会儿封死，一会儿打开，非线性特强，这些都造成了其很容易产生垂向的不稳定运动，即"颤振"。所谓颤振是指一个物理系统在没有外界扰动的情况下，由于自身系统的动不稳定而产生的自激振动。

气垫船在波浪表面高速航行时，因气垫下部飞高变化以及波面运动泵吸气垫空气，使船下面气垫压力发生大幅变化，而造成船的颠簸运动。采用可以随波起伏的响应"围裙"后，气垫压力不再受波浪影响，船能以接近平台的方式运行，这就是气垫压力隔振系统的原理。随波起伏的响

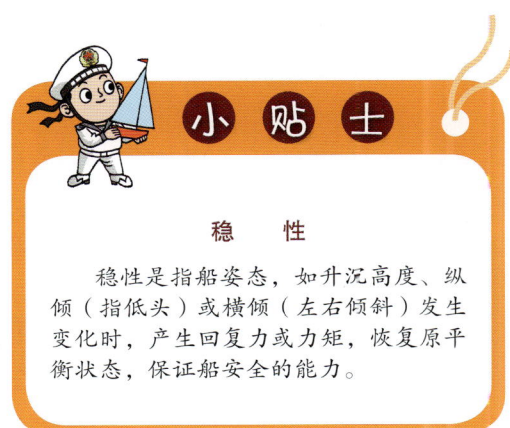

稳 性

稳性是指船姿态，如升沉高度、纵倾（指低头）或横倾（左右倾斜）发生变化时，产生回复力或力矩，恢复原平衡状态，保证船安全的能力。

> 图96 气垫船在波浪表面高速航行示意图("围裙"隔离刚性船体与波浪表面)

应"围裙"不仅可起到隔振的作用,同时因为其触水的概率大大减小,波浪中附加阻力也大为下降。因此响应"围裙"设计是气垫船性能的关键技术。

"围裙"的发展历程

在气垫船最初出现时,并没有"围裙"。船体上有一个白色的大家伙,那是一个轴流式风机,其产生的高压气流一部分输出到船底周边气道,从而将船托起,另一部分输出至喷气筒(左舷、左艉、右舷、右艉各有一个),用来提供前进、后退的推力。这艘船飞高约20厘米,仅能在

> 图97 英国SRN1型气垫船首航穿越英吉利海峡后在法国加莱登陆

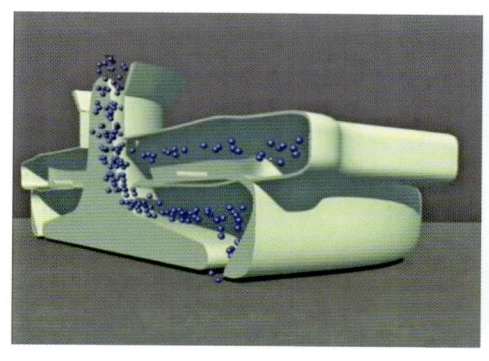 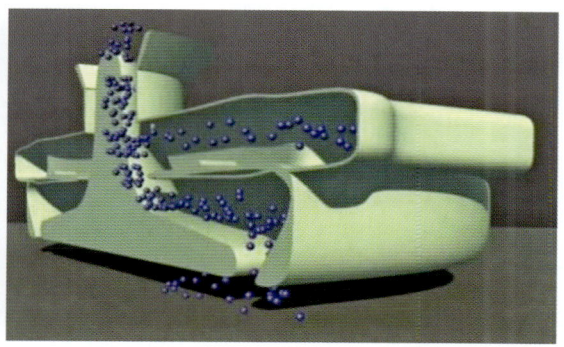

> 图98 英国SRN1型气垫船风机气流一部分向下垫升船体，另一部分进入喷气筒推进（左为垫起前，右为垫起后，小球表示气流）

平滑的表面上运行，如水泥地、平坦沙滩或静水面。

英国SRN1型气垫船采用的是射流型刚性喷口，利用"柯安达效应"实现了船体的悬浮。

早期的"围裙"型式有延长喷口型、火腿型、射流指型、射流囊型、筒型、囊指型、开囊指型以及囊筒型等，对应的垫升原理也从周边射流理论发展到沿壁射流理论与增压式理论。

周边射流或沿壁射流形成气垫时，气垫流量必须在周边泄出，而增压室的气垫流量则直接进入气垫后再从周边泄出，在大飞高时其垫升效率较低。但随着"围裙"型式的改进，特别是响应"围裙"的应用，

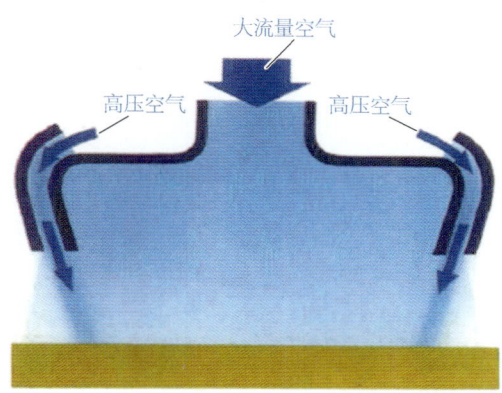

> 图99 高压气垫周边射流垫升示意图

"围裙"的"三明治"结构

气垫船属于高性能船，对系统设备重量要求极其严苛，同理要求制成"围裙"的胶布又薄又能承受高载荷。为此，"围裙"胶布采用"三明治"结构，中间一层为高强度尼龙骨架织物，正反两面分别涂敷橡胶保护层，通过高温硫化使得橡胶固着在尼龙骨架织物上。其中尼龙骨架织物为主承载结构，橡胶层则起保护作用，以使得怕紫外线、光照、浸水等作用的尼龙骨架织物躲进"棉被"中，受到隔离保护。

气垫飞高与流量都大幅降低,因此现代气垫船都采用相对简单的增压室模式。

"围裙"型式的发展是从19世纪60年代的喷口型、火腿型"围裙"开始,由于其存在触水后阻力大等缺点,英国逐步发展了易变形、越障性与让浪性都较好的囊指型与开囊指型"围裙"。

法国同时开发了具有优良纵横稳性的筒型"围裙",但由于其很容易发生大幅颤振的动不稳定性而被淘汰。日本研制了射流指式"围裙",后因其结构复杂、优点不明显也未有推广。

20世纪70年代末,美国在JEFF-A型艇上结合囊指型与筒型"围裙"发展了囊筒型"围裙",但由于其触水后阻力大、易颤振而未能竞争过JEFF-B型的囊

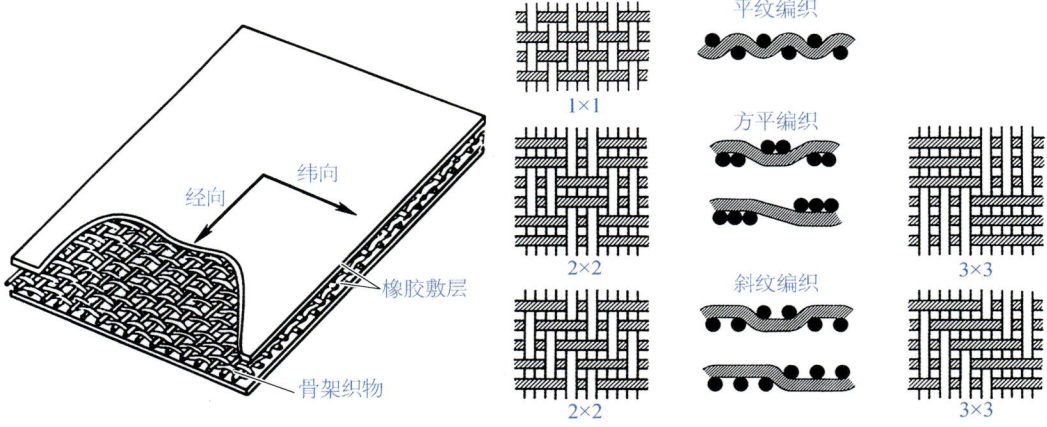

> 图100 气垫船"围裙"的"三明治"结构及尼龙骨架织物的不同编织方式

> 图101 "围裙"胶布在压延机上制作(门幅宽度受限但长度方向可连绵不断)

> 图102 "围裙"下部相互独立的"手指"在水动力作用下向后倾斜

指型"围裙"（该"围裙"借鉴了英国囊指型"围裙"的研究成果）。这时英国已在SRN4-MK3型的锥形囊指响应"围裙"的发展上取得重大突破，从而使该艇成为流体动力性能最好的气垫船。20世纪80年代，英国、苏联开始发展双囊指型"围裙"，该型"围裙"可以较窄囊宽达到更高响应度。

20世纪70年代后期，英国气垫船公司在英吉利海峡渡轮上首次提出响应"围裙"的概念。我国通过与国外的技术交流，在1978年开始了响应"围裙"的理论探讨与试验。目前的气垫船一般都采用响应"围裙"。

推进垫升系统

推进垫升系统是气垫船特有的动力系统，其中推进系统为气垫船提供推进动力，保证气垫船具有向前行驶的推动力，主要装置包括推进用燃气轮机、传动轴系、进气滤清装置、导管空气螺旋桨；垫升系统为气垫船提供垫升动力，它通过气道与"围裙"共同作用，产生向上的升力，使气垫船悬浮于海面之上快速行驶，主要装置包括垫升用燃气轮机、传动轴系及垫升风机。

动力装置——燃气轮机

在船舶动力装置中，使用最多的当属柴油机，柴油机经济性好、油耗率低的优点使其在现有的船舶功率中占的比例也最大。然而气垫船对动力装置系统的主机功率、质量和系统结构尺寸都有较高要求，因此早期气垫船多使用航空用燃气轮机，有的也使用高速轻型柴油机。随着技术的不断发展，人们发现只有轻型燃气轮机才能最大限度满足要求。

2012年10月22日，罗-罗公司赢得为美国SSC气垫登陆艇提供主机并设计制造相应进、排气系统的合同。SSC气垫登陆艇将采用罗-罗公司的多切奇MT7燃气轮机，它脱胎于高度成功的AE1107核心机。MT7的改进之处包括新型功率控制器、进气系统、功率输出轴以适应装船要求，叶片特殊涂层处理以抵御高盐海洋环境。

相对于LCAC气垫登陆艇使用的主机TF40B和ETF40B，MT7燃气轮机功率将

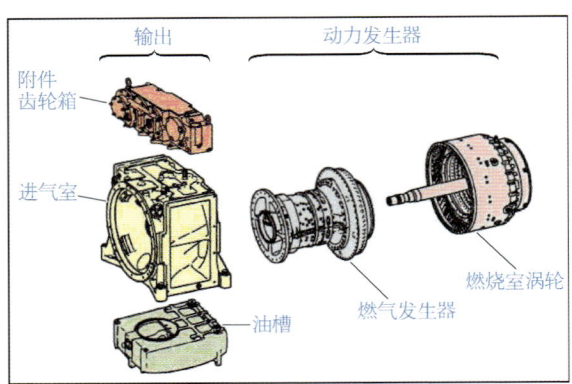

> 图103　LCAC气垫登陆艇上的TF40B燃气轮机

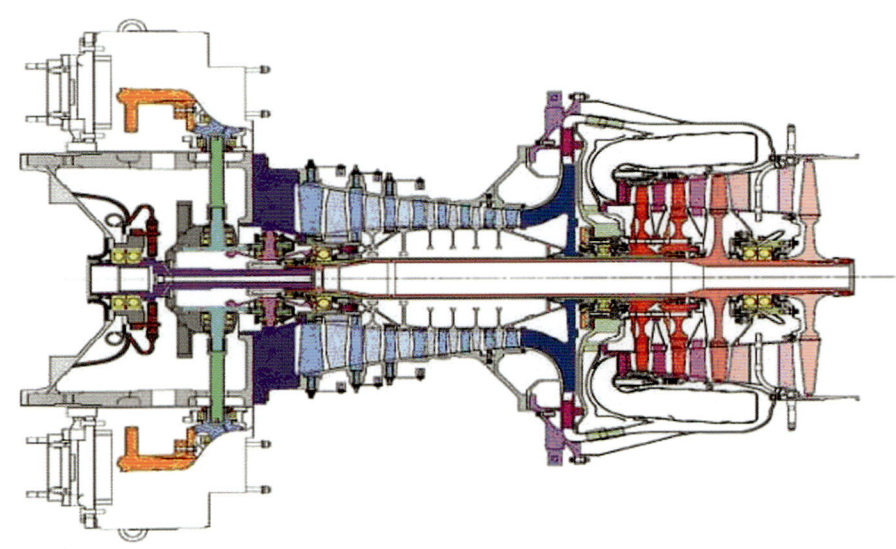

> 图104　LCAC SLEP气垫登陆艇上的ETF40B燃气轮机

提高25%，而油耗下降11%。合同规定，罗-罗公司为SSC气垫登陆艇研发项目提供4台/艇，首批供货时间为2015年下半年，而SSC气垫登陆艇试验于2016年开始，2018年开始少量供货。美海军计划用73艘SSC气垫登陆艇替代现有的LCAC气垫登陆艇，连备品在内罗-罗公司最终供货超过300台燃气轮机。

2014年，Griffon Hover Work的总工程师Mark Downer为减少频繁动态调整纵倾姿态所需的压载量（水或燃油），引入了车用电力混合驱动技术，在新设计建造

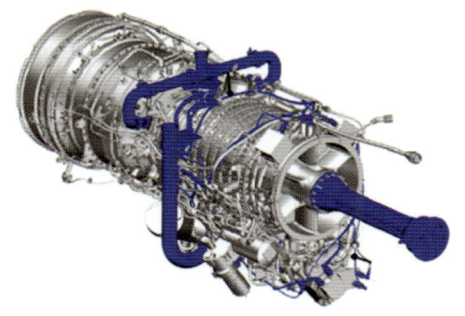

> 图105 MT7发动机

的Griffon995ED型气垫船上将2台1.6 L的Ford Tiger车用柴油机设置在船艏部,而不是设于船艉的常规布置方式,为此将无磁轭分段电枢电机(YASA)引入到气垫船动力系统设计中。

在Griffon995ED气垫船上,类同汽车上的同步发电机,用柴油机直接驱动近邻的垫升风机与1台YASA P400电机作为发电机,将发的电送至与导管空气螺旋桨轴相连的另一台YASA P400电机直接驱动螺旋桨。由于Griffon995ED型气垫船左右两舷的电动机相互独立,且能反转与无级变速,导管桨提供的操控力更为灵活多变,为此船甚至取消了导管桨后常用的空气舵。

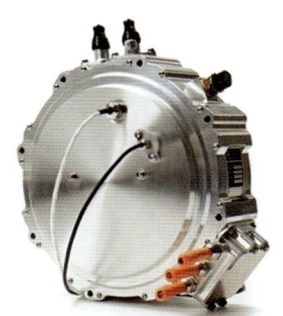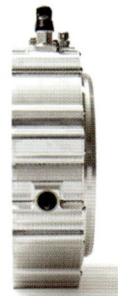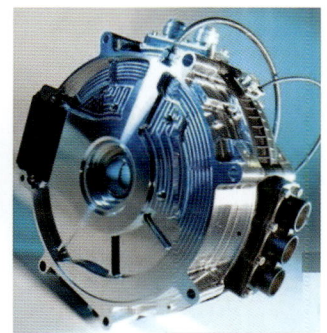

> 图106 YASA P400电机

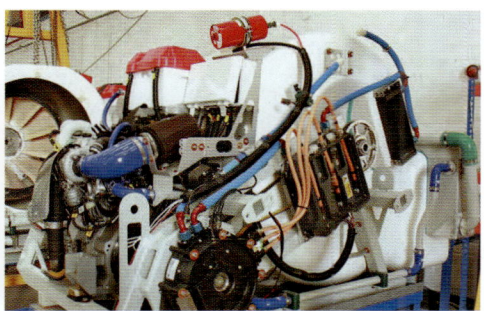

> 图107 采用YASA P400电机驱动导管空气螺旋桨的Griffon995ED型气垫船(左)和由柴油机驱动风机与YASA电机的动力系统(右)

柔性地基上的高速传动轴系

传动轴系的任务是将发动机的功率传递给空气螺旋桨与垫升风机,垫升风机将外界空气加压后吹入气垫内垫升船体,而螺旋桨产生推力使船前进或后退。

英国SRN系列气垫船的典型推进垫升轴系由燃气轮机通过齿轮箱减速,向上通过桨塔与推进减速器驱动空气螺旋桨,向下通过垫升减速器驱动卧式离心式垫升风机。桨塔可旋转使得空气螺旋桨改变推力方向用于操纵,桨后的空气舵也可转动操控。SRN4型气垫船采用了前、后、左、右四套轴系。

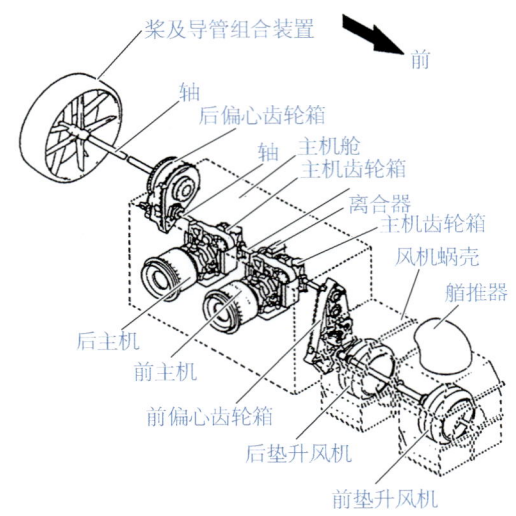

> 图108 美国LCAC气垫登陆艇轴系

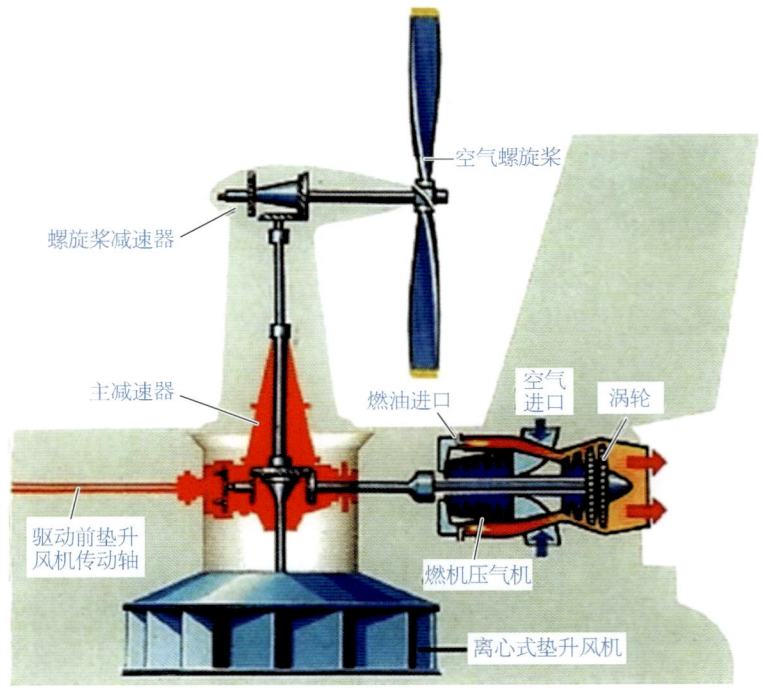

> 图109 英国SRN4型气垫船采用的组合式推进垫升传动系统

第4章 气垫船的船体构造与关键系统

 无惧暴雨与沙尘——进气滤清装置

气垫船不同于常规舰船,在垫态起飞越峰过程中由于"围裙"底部气垫泄流会产生大量水花飞溅,船附近空气中的海盐气溶胶为正常航行时的数倍,并且在登滩时由于"围裙"底部气垫作用会产生大量沙尘。

船用燃气轮机在这样的含盐高湿环境下运行,吸入的空气中含有相当数量的海盐及沙尘,将显著降低燃气轮机性能,减

> 图110 气垫船水上航行时水花飞溅可达暴雨程度

少其使用寿命。因此燃机对阢盐、防腐蚀要求高,一般需设置专用进气稳压室,通过惯性级、网垫级等多级滤清装置来将盐、沙尘降低到合适的浓度值。

> 图111 气垫船登陆时沙尘飞扬

与飞机类似的空气螺旋桨推进系统

气垫船设有独特的垫升系统，具有水陆两栖性，在垫态航行时基本悬浮在水面上，并可登陆上岸，因此不能采用常规的水螺旋桨推进，只能采用与飞机类似的空气螺旋桨推进。

气垫船空气螺旋桨最早是由航空转化而来，其特点是无导管、桨叶叶梢不提供推力（即典型升力为零）、叶片较窄。这就导致了气垫船的推进效率很低，单位功率产生的有效推力小，经济性很差。

> 图113 英国SRN4型气垫船上的4台摇头敞开式空气螺旋桨

> 图112 美国JEFF-A型气垫船上的4台摇头导管空气螺旋桨（红色部分）

> 图114 美国LCAC气垫登陆艇导管空气螺旋桨

> 图115 气垫船早期敞开式空气螺旋桨

> 图116 气垫船导管空气螺旋桨

气垫船为了在高海况下航行，空气螺旋桨推力需要克服低速的最大阻力峰值，必须要采用不同于飞机螺旋桨的阔叶宽、高升力系数的新翼型，同时要采用导管整流增加桨叶前的流速以提供附加推力。对于高功率负荷的桨，还要在桨叶后增设整流支臂回收桨叶后的旋转动能，进一步提高整个导管空气螺旋桨的推力与效率。

气垫船用的特种空气螺旋桨研制时必须考虑其工作特点，比如：空气螺旋桨的工作介质是不均匀的气流，这样就造成了其空气动力特性的复杂性；在各种工况下转速波动比较大，虽然气垫船航速没有飞机高，但是却需要较大的推力才能越过阻力峰点等。也就是说要想让气垫船空气推进器达到飞机负载螺旋桨同栏大小的比推

> 图117 美国SSC气垫登陆艇新型复合材料导管空气螺旋桨

> 图118　气垫船艉推器（依次为JEFF-B、LCAC、T-2000、LSF-Ⅱ、SSC）

力，空气螺旋桨需要的功率和强度要远比飞机大得多。

作为在大风浪中抗侧漂的重要手段，还有采用4台摇头螺旋桨的气垫船，如英国早期的SRN4-MK1～3型、我国722型以及美国JEFF-A型气垫船。

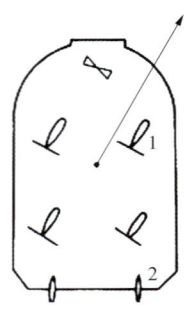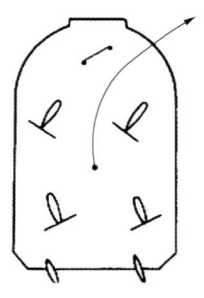

> 图119　英国SRN4-MK3气垫船摇头空气螺旋桨辅助转弯示意图

气垫船腾空的关键角色——垫升风机

气垫船之所以能够离开水面航行从而带来优异的航行特性，关键在于它的垫升系统。对于气垫船而言，能够使其离开水面航行的原因是船体和水面之间生成一层空气垫，而这层空气垫正是由于垫升风机生成了足够强的压力气流而产生的。气垫船上所用垫升风机的类型主要有离心式、轴流式、混流式三大类。

第一种是早期的不带蜗壳的卧式离心式风机。离心式垫升风机的工作原理是依靠高转速离心力把吸入空气增压后甩出。近些年来随着相关技术的不断进步，

第4章 气垫船的船体构造与关键系统

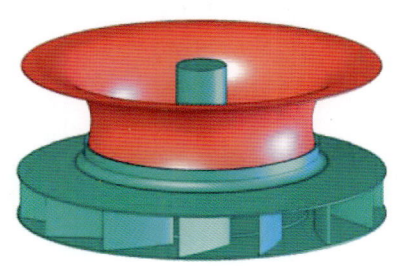
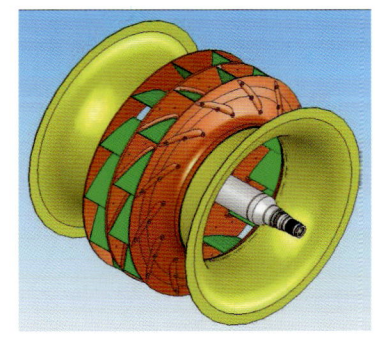

> 图120 离心式风机

气体动力学方面的研究也越来越深入，为提高气垫船的适航性，英美两国做了很多试验和探索，并研制出适合大型气垫船、性能更加优异的离心式风机，在LCAC气垫登陆艇上投入使用。

第二种为俄罗斯气垫船上采用的轴流式风机，该风机风筒立式布置。工作原理不同于离心式风机，是依靠旋转叶片叶背吸力与叶面压力把空气吸进增压后流出，其原理更像空气螺旋桨的作用机理。为了回收动叶后的旋转动能，动叶后还有整流静叶。为了快捷地调节风机性能，在轴流式垫升风机的进口处还有可调导叶。

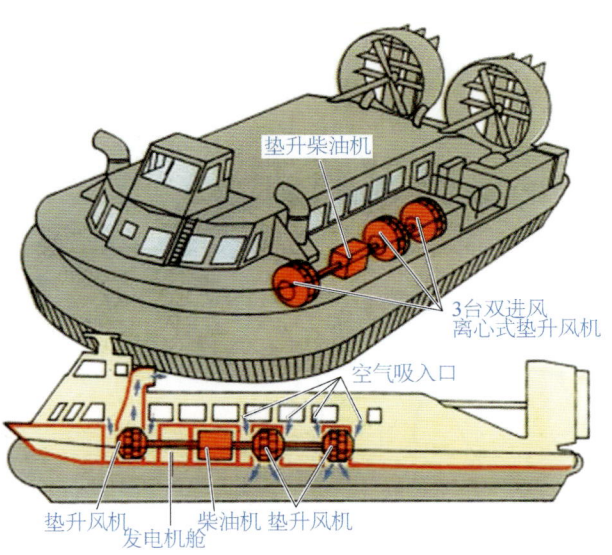

> 图121 离心式风机及其在气垫船上的布置

喘振

由于轴流式风机的叶片在小流量时，经过动叶的有效攻角很大，甚至会达到因叶背流线分离而产生的失速现象，这时风机的压头就会降低，从而产生在小流量区随流量减小而压力也减小的不稳定风机压力-流量曲线。因此必须要在垫升风机壳体内壁设有产生回流的防失速装置，使其风机特性曲线满足气垫船要求。

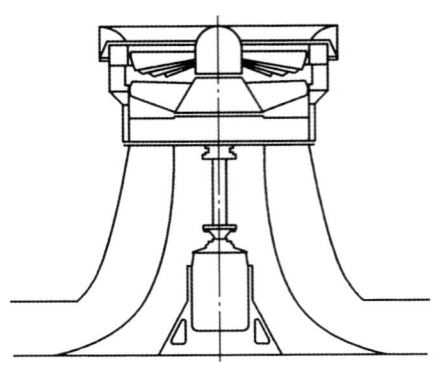

> 图122 轴流式风机

在同样尺寸的情况下，轴流式风机相对于离心式风机能提供更大的流量。在保证相同空气流量的情况下，轴流式风机相比离心式风机的结构尺寸更小，并且工作效率也较高，同时还可以方便快捷地调节其性能，即通过调整导叶、动/静叶片或转速就能达到该目的。

面对在高海况波浪中航行的实际需求以及气垫船尺寸的不断增大，研究人员发现此类风机应用于气垫船具有明显缺点，如轴流式风机压力随着流量的减小有先增大、后减小的趋势，当流量小到某一临界值时，会出现不稳定运行现象，甚至会出现严重的"喘振"，对于正在运行的气垫船来说无疑是相当危险的。

轴流式风机相对于离心式风机，其出口流速较高，动压头较大。而气垫船所需要的主要是静压，因此需要有一较长的扩散流道将动压转化为所需要的静压。

有时气垫船要求流量大而又不允许多个离心式风机串联向下供气，则有采用供气流量相对较大的混流式垫升风机，即第三种风机。混流式风机的叶轮中的旋翼不再是简单的二维机翼型，而是介于离心式

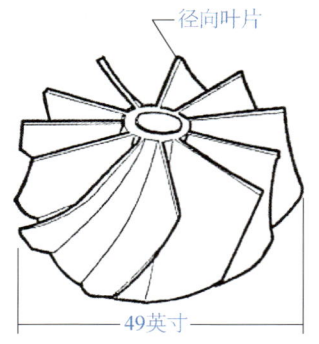

> 图123 混流式风机

第4章 气垫船的船体构造与关键系统

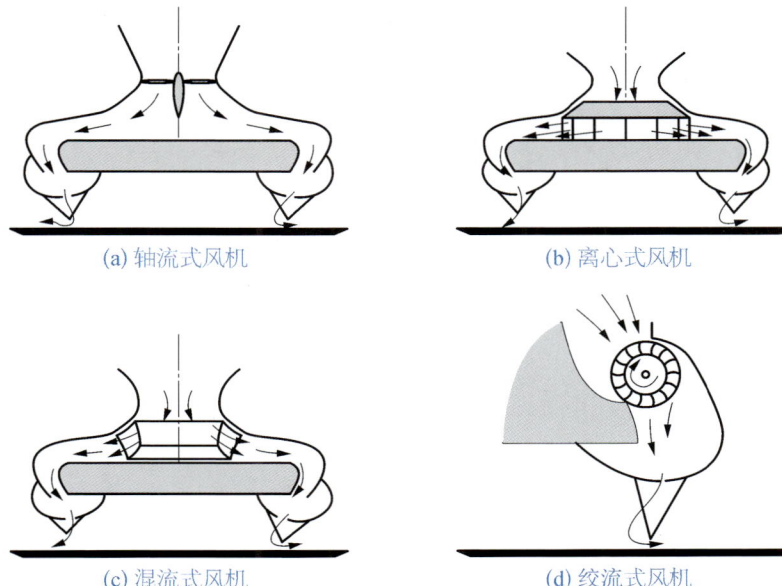

(a) 轴流式风机　　　　　(b) 离心式风机

(c) 混流式风机　　　　　(d) 绞流式风机

> 图124　气垫船上所用不同类型风机供气气流示意图

风机与轴流式风机之间的三维机翼型。从风机进口看是如同轴流式风机的机翼型叶片，而出口则为径向如离心式风机的叶片，气流是轴向进、径向出类似于离心式风机。该类风机的流量压头范围也介于轴流式风机与离心式风机之间。

混流式风机在中小型民用气垫船上应用较多。

船舶系统

船舶系统主要包括燃油压载调驳、通风、空调、消防系统等，在服务好各系统的同时，还要及时给出燃油调驳、液压传动、空调及全船通风的辅助决策。下面一起来认识一下气垫船的燃油压载调驳系统吧。

 动态平衡大师——燃油压载调驳系统

气垫船垫态航行时,处于气悬浮状态,纵、横稳性远小于排水状态,故船总体性能对姿态极为敏感,由此必须严格控制船的重量、重心。除保持艇体浮箱4个边角各设置1个油舱外,在艇中部偏左设置了为主机供油的日用中油舱,进一步扩大了利用燃油调拨调整压载能力,增强了航行过程中纵、横倾的动态调节。

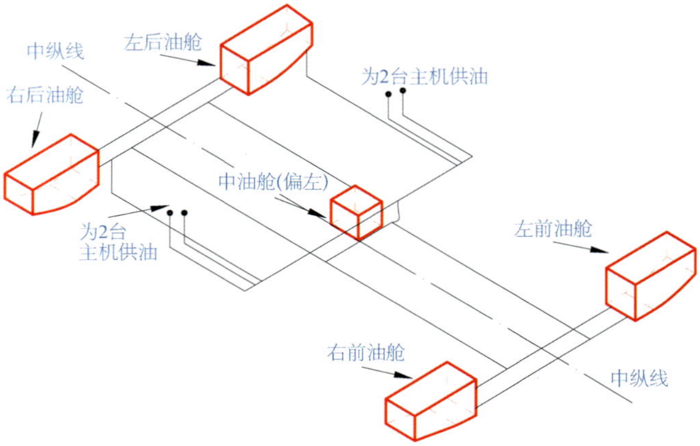

> 图125 美国LCAC气垫登陆艇动态调整艇姿态的燃油调驳系统

> 图126 布置在浮箱内4个边角的油舱及中部偏左的日用中油舱

第4章　气垫船的船体构造与关键系统

英国设计的民用气垫船，由于航速受船纵倾姿态影响较大，故气垫船四角均设有燃油舱，并设置燃油调驳系统以便动态调整纵倾角。

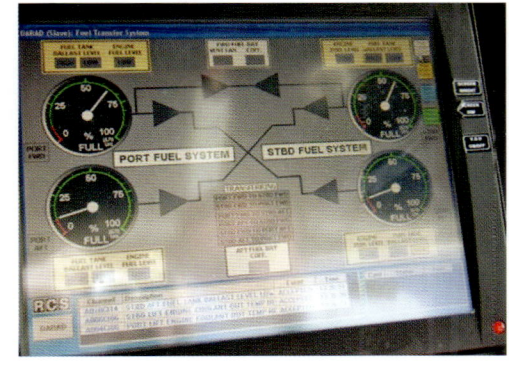

> 图127　气垫船4个边角油舱的调驳操作界面

电力系统

电力系统为气垫船提供连续、安全、可靠的电力，全艇用电设备的正常运行都离不开它。电力系统主要包括供电系统、配电系统、照明系统及驾控系统等，重要装置有发电机组、主配电板、照明灯及驾控台。

可靠的电源——发电机组

发电机组是气垫船上最重要的交流电源，它可通过主配电板为全船用电设备供电。气垫船用发电机组主要以风冷柴油发电机组和燃气轮机发电机组为主，小型气垫船也常采用发动机轴带发电机的供电形式。

> 图128　准备装船的风冷柴油发电机组

气垫船驾控系统

与常规排水型船不同,气垫船垫态水上漂而阻尼小,同时又与长空中翱翔的飞机不尽相同,气垫船运行于水气界面处,容易从稀薄的空气越界进入密实的水中,水密度比空气密度增大近千倍,气垫船受载转换剧烈,易引发危险。

另一方面,气垫船自身存在高速纵向低头埋艏、低速横侧翻船、操纵不当甩尾侧滑等缺陷,如同一匹难以驾驭的"烈马",驾驶员必须眼观六路、耳听八方、胆大心细,做到人船合一,才能从容驾驭这匹"烈马",化解各种潜在风险。气垫船的驾控台是集中了航行操纵、航行指挥管理和航行保障的综合操作部位。

正是由于全垫升气垫船操控特性复杂,借鉴航空领域的训练模拟器,美国研制了LCAC气垫登陆艇全任务训练模拟器。其下部为六自由度运动模拟系统。模拟器由广角球形显示屏、前

> 图129 气垫登陆艇驾驶室内控制设备(左为LCAC C^3N,右为SLEP C^4N)

台体地板结构、运动平台、学员站模块、在线指导教师操作站模块、后舱体、后通道、六自由度运动系统等几部分组成。

当全垫升气垫船在风浪中保持直线航行时,空气舵必须不停打小舵角来修正航

> 图130 LCAC气垫登陆艇驾控台布置图

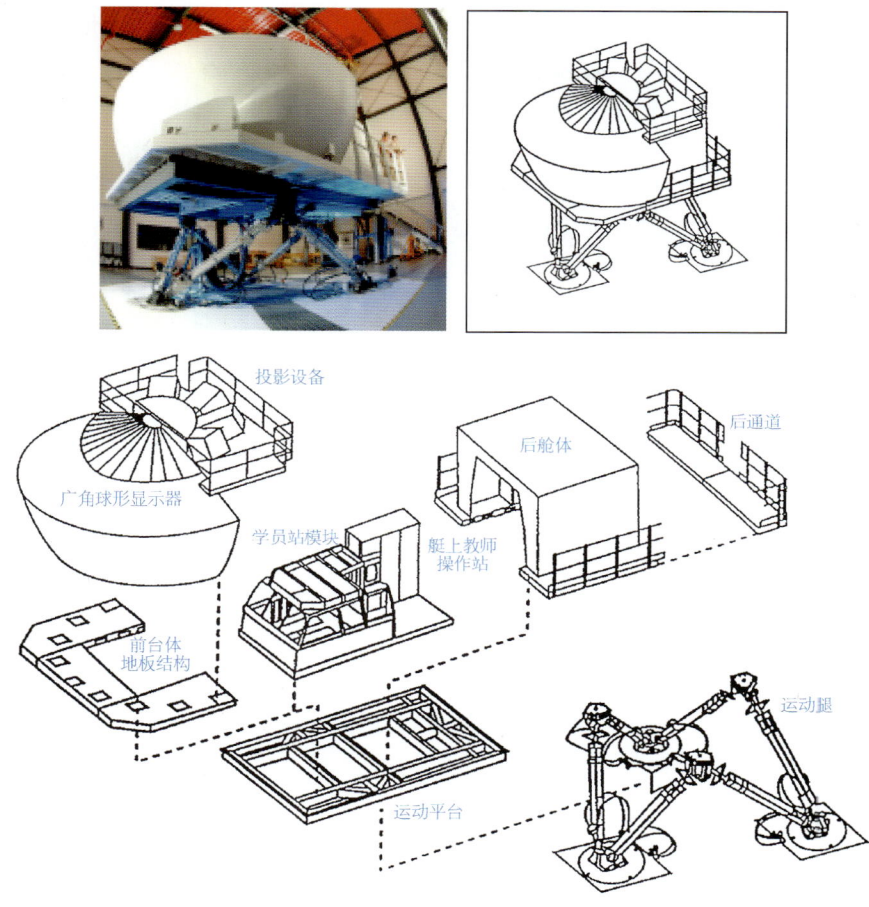

> 图131 美国LCAC全任务训练模拟器（下为分解图）

向，高速转弯时又要防止侧滑甩尾，因此驾驶员必须时刻保持全神贯注，工作强度非常大。美国LCAC气垫登陆艇为减轻艇长兼驾驶员的工作强度，研制了气垫船自动驾控系统。该自动驾控系统可以在驾驶员训练模拟器上进行各种运行工况的仿真试验，驾驶员也可根据仿真操控的效果对自动驾控系统提出改进建议。

小贴士

阻 尼

物体在运动过程中受到各种阻力的影响，能量逐渐衰减导致运动减弱的现象。

> 图132 美国LCAC气垫登陆艇全任务训练模拟器模拟舱内景

> 图133 美国LCAC气垫登陆艇全任务训练模拟器外观

　　LCAC气垫登陆艇每个艇组由5名艇员组成，包括艇长（兼驾驶员）、导航员、机电兵、甲板操作员、装载长。所有艇员培训需经历三个阶段，即初级训练模拟器、全任务训练模拟器、LCAC实艇操作训练（花费巨大且学员淘汰率高）。受训者在2个月的时间内每天在模拟器上训练4小时。

　　第一阶段（第一关）的初级训练模拟器为静态的，受训者座椅直接放在固定不动的地面上。

　　第二阶段（第二关）的全任务训练模拟器由教练员在操纵站上设定操控场景，让学员在全任务训练模拟器上进行六自由度模拟训练，即船升沉、纵摇、横摇与回转，前进与侧向速度则由显示屏表达。驾驶员的实际操作引起平台的不同运动响应（等同于实船的实际运动），有着与实船完

> 图134 美国LCAC气垫登陆艇初级训练模拟器（座椅直接放在固定不动的地面上）

> 图135 美国LCAC气垫登陆艇上实船操作训练

全相似的运动感觉,对自己操船的结果有直观感觉;同时船的运动信息均在教练员操纵站有显示,依此对学员进行评分。该阶段会淘汰很多没天赋的学员。

第三阶段(最后一关)是在LCAC气垫登陆艇上进行实艇操作训练。

我国也自主研制了气垫船实船仿真试验平台,可兼作驾驶员训练模拟器。

该平台下部采用MOOG FCS公司先进的电液伺服运动系统模拟气垫船的六自由度运动,可为试验平台提供更逼真的仿真环境,使人机交换环境更贴近真实,能为驾控人员提供加速度感觉,弥补视觉只能提供速度感觉和位置信息的不足。特别是对垂向与横向加速度敏感的操控特性必须配置该仿真装置,除模拟气垫船在波浪中的实际运动响应外,还可为驾驶员提供瞬时过载感觉,并能对特殊效果中的低头埋首进行运动

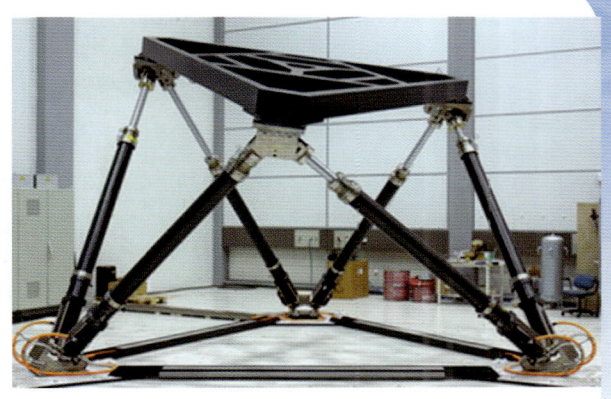

> 图137　仿真试验平台下部的六自由度运动系统

仿真。

驾控台前广角显示屏显示船前进、侧滑与回转的平面运动虚拟视图,试验平台下部的运动系统模拟船的升沉、纵摇、横摇、回转运动及加速度,给驾控人员提供直接感受。

该仿真平台可对船型参数或操控系统的优化及改进设计进行仿真试验,此时只需对其六自由度数学仿真模型的软件进行相应的修改,就可以做对比试验,包括对自动驾控的控制规律的优化也可在仿真平台上进行。

 气垫船的组装建造

边岛式上层建筑气垫船的建造过程中,先将浮箱平台倒置反造,造好后再将其整体反转,依次插接驾驶室、人员设备舱、主机舱,安装发动机、垫升风机、导管空气螺旋桨等,最后安装好柔性"围裙",打扮一新,即可下水。

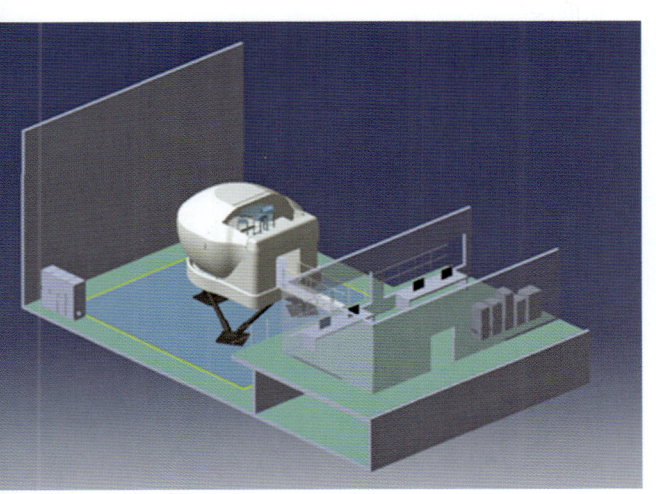

> 图136　气垫船实船仿真试验平台全景

> 图138 船体浮箱翻造

> 图139 船体浮箱翻造完成

> 图140 船体浮箱整体反转

> 图141 船体浮箱恢复正常姿态准备插接上层建筑

第4章 气垫船的船体构造与关键系统

> 图142 气垫船驾驶室、机舱插接完成

> 图143 安装好"围裙"后下水

第 5 章
气垫船的运动性能与关键技术

气垫船作为高性能船中的"磁浮列车",虽然有很好的快速性、耐波性和操纵性,但无论是在设计、制造还是使用过程中,为了达到良好的船舶航行性能,还是需要攻克许多难关。下面就一起探寻气垫船背后所蕴藏的运动性能和关键技术吧。

兴波阻力峰

气垫船在水面上起航加速过程中,有时会产生奇怪的现象,螺旋桨的推力即使已达到最大,船速却迟迟上不去,船艏水花飞溅,船顶着自己兴起的水波推水前进,要花很大的力气才能越过这个"坎",但一旦越过这道"坎",船一下就能

> 图144 气垫船在越出阻力峰之前艏部"围裙"推水前进

达到40～50节的高航速，这是为什么呢？这还得从气垫船自身最大的特点说起。

气垫船的"围裙"围成半封闭的高压气垫，当船在水面上处于垫升状态时，气垫内的高压气流下冲使得船下方的水面向下凹陷。水面凹陷排出的水的体积等于船的重量，这部分水产生的力类似于阿基米德原理的浮力。

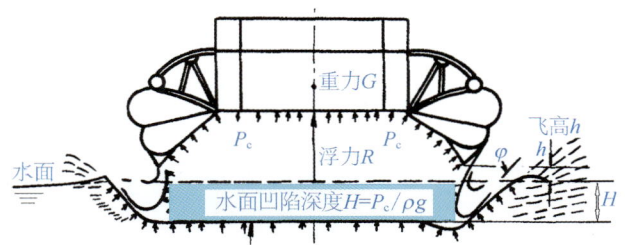

> 图145 全垫升气垫船下方水面在气垫高压气流作用下产生凹陷

当气垫船在水面上运动时，水面凹陷随船一同前进，并发生变形，形成气垫兴波。随航速增大，兴波波长越来越大。当船前进速度超过兴波的传播速度时，船便将兴波甩在身后，兴波产生的阻力瞬间大幅衰减，船越出阻力峰高速航行。

当船的傅汝德数$Fn=0.6$左右时，半波长等于船长，此时船艏处于波峰位置，而船艉处于波谷位置，艏、艉处水面高度差最大，这时兴波阻力达最大值，即第一阻力峰。由在阻力峰处对应的兴波波形可见，船后尾波的波峰与波谷凹凸分明、起伏有致。

因为气垫船只有在越过阻力峰之后的高速区域才能达到其"水上漂"的性能优势，因此气垫船在大风浪中的越峰性能是其关键技术，对于高气垫密度的军用气

船舶重要参数——傅汝德数

傅汝德数（Froude number）为决定兴波阻力的参数，$Fn=V/\sqrt{gL}$。其中，V为前进速度（米/秒），g为重力加速度（≈9.8米/秒^2），L为船长（米）。如为使1米长模型船与100米长实船造成形状完全相同的波浪，模型船与实船的傅汝德数必须相同，模型船的航速约为实船的1/10。

气垫船阻力峰

气垫船通过"围裙"内高压气垫悬浮于水面上，高压空气引起船下方的水面凹陷随船一起前进，随航速增加，水面凹陷形状发生变化，船艏处局部水面略微上抬，而船艉处局部水面下陷，兴波波面在艏、艉处的高度差即形成船前进的兴波阻力。当兴波波长等于船长时，船艉位于兴波最低处（波谷），与船艏局部水面的高度差最大，此时兴波阻力达到最大值，即阻力峰。

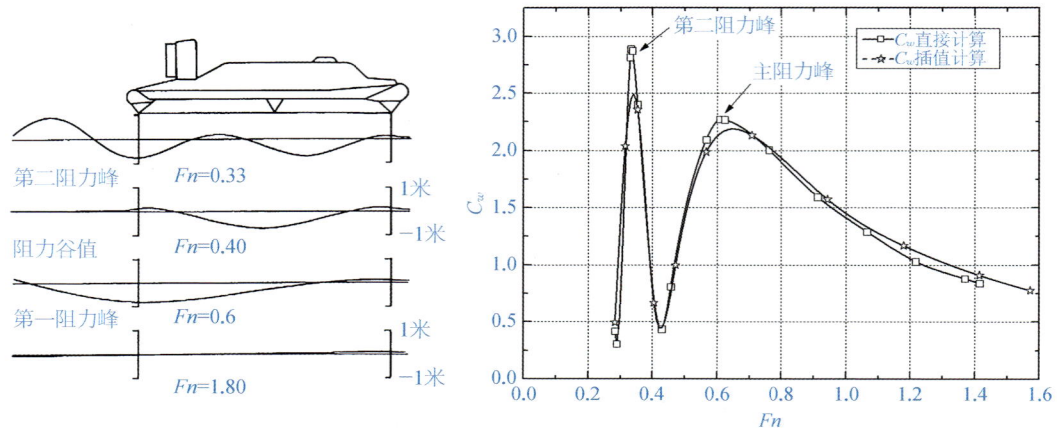

> 图146 气垫兴波产生的水面起伏形状及兴波阻力系数随航速变化

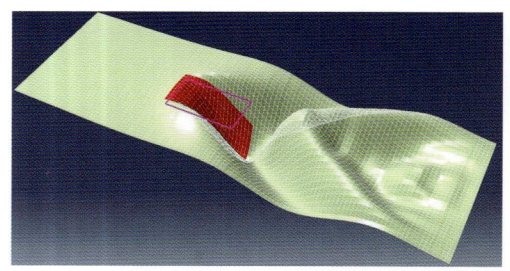

> 图147 随船前进的气垫兴波对周边水面的影响

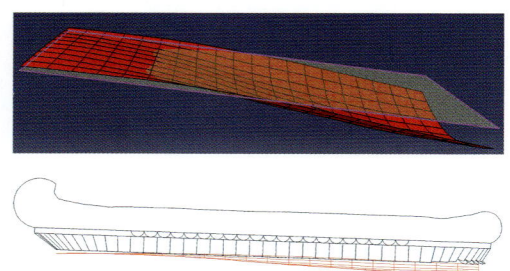

> 图148 气垫船"围裙"下端的气垫围线对应兴波波形（粉色线框为对应的初始静水面初始位置Z向放大）

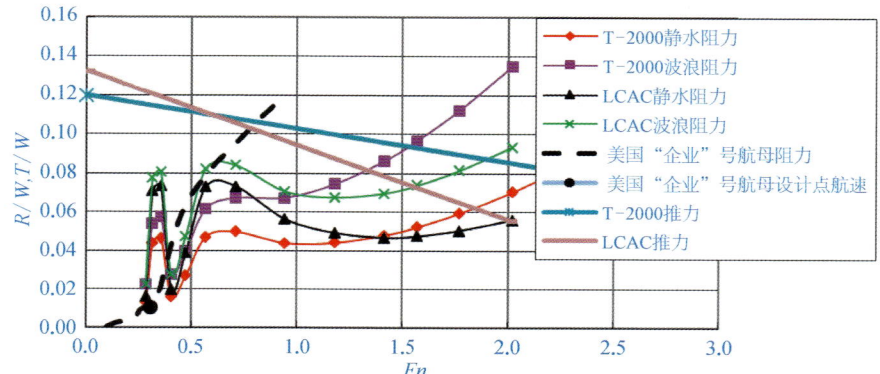

> 图149 T-2000型气垫船、LCAC气垫登陆艇及美国"企业"号航母的无因次阻力曲线

垫船尤其如此。影响阻力峰大小的主要参数是船的长宽比与气垫压力,也就是气垫密度。

气垫密度不仅会影响阻力峰值大小,而且影响其后的阻力曲线走势。芬兰T-2000为低密度气垫船($\bar{P}_c=8$),而美国LCAC为高密度气垫船($\bar{P}_c=16$),可见LCAC的无因次阻力远高于T-2000,而LCAC阻力峰之后的阻力走势更为平缓。

为使气垫船顺利越过阻力峰这道"坎",主要从两方面着手,一是降低气垫密度,二是增大空气螺旋桨的推力。但这两方面均牵一发而动全身,必须综合折中权衡。

气垫密度——无因次气垫压长比

由于气垫兴波阻力与气垫压力的平方成正比,而气垫压力与气垫长、气垫宽密切相关,因此采用无因次压长比 $\bar{P}_c = \dfrac{P_c}{\rho g L_c}$ 来表征气垫船的气垫密度。一般将 $\bar{P}_c \leq 10$ 的气垫船称为低密度气垫船,而 $\bar{P}_c > 10$ 的气垫船称为高密度气垫船。

垂向失稳

气垫船越过阻力峰后高速航行时,也不是一帆风顺的,还存在独特的"高速纵向埋首、低速横向翻船"风险,而这一直是气垫船早期发展的拦路虎。

 **高速纵向动稳性**

研究和解决这种现象就需要了解气垫船的纵向动稳性。而这也与气垫兴波有关,兴波使得船在垫态高速航行时抬头较小,当船突然遭受顺风的阵风作用时,尾部导管空气螺旋桨产生的推力会突增,产生使船低头的力矩,船突然低头导致艏部"围裙"下部的"手指"末端触水;或者船艉遭遇其他船产生的尾浪时,艉部"围裙"下部的"手指"末端也会触水。

高速纵向埋首

当气垫船以50~60节(而航母的最大航速约35节)高速运行于平静水面之上时,船会因外界干扰而发生突然叩头埋首的纵向失稳现象,即高速纵向埋首。

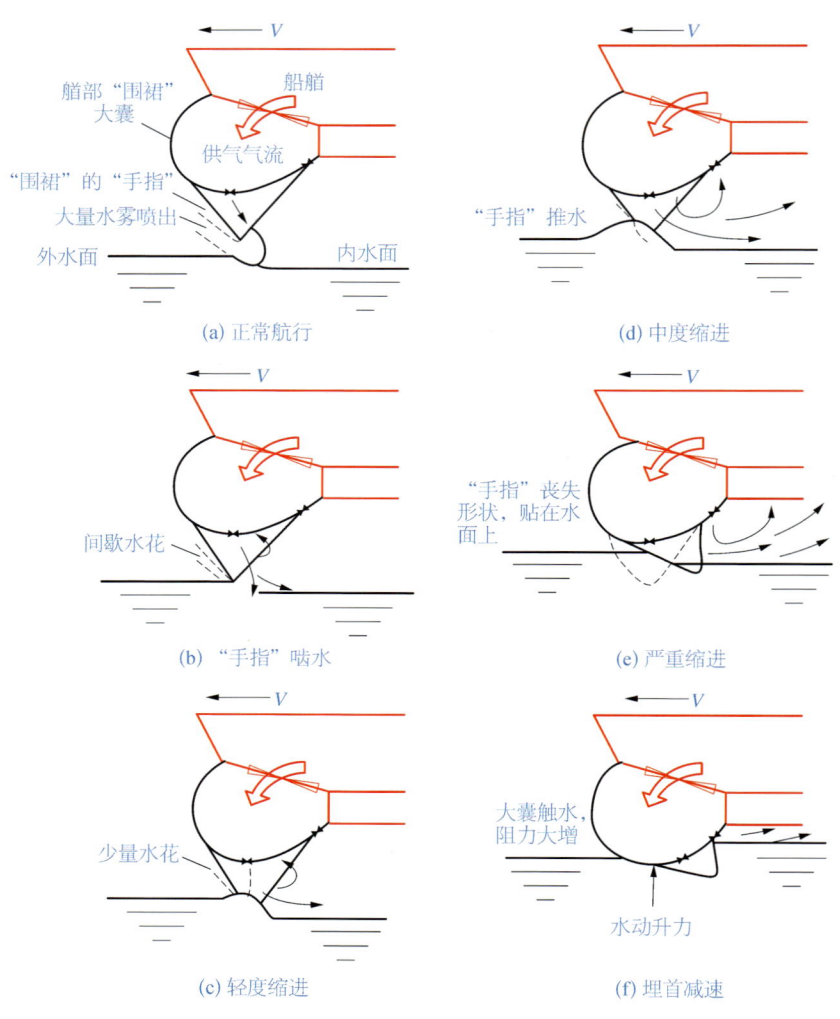

> 图150 气垫船埋首过程中艏部"围裙"下部"手指"与水面接触变化过程

由于"围裙"的"手指"末端承受的动量冲击力与船速的平方成正比,且与介质(水或空气)的密度成正比,水的密度约为空气密度的800倍,因此"围裙"的"手指"高速触水时受力发生了剧变。

若"围裙"设计不好,会导致"围裙"失稳向内拖进,纵倾低头气垫复原力矩丧失,引起船头下沉,甚至船体触水,阻力剧增导致船航速急剧降低,发生"高速埋首"。

> 图151 英国SRN6型气垫船埋艏试验（左为实船，右为无线遥控船模）

气垫船不对称高速埋艏会引起急转弯，侧滑角增大，船像螃蟹一样横着跑，此时由于"围裙"兜水等因素影响，船速下降较快，在一定低速范围内横稳性大幅降低而导致船横向侧翻。在气垫船应用早期阶段曾发生过多起气垫船横向侧翻事故，导致生命财产损失。

由于艏部"围裙"安装在船体下部，被船艏突出结构挡住，在船头直接观察不到。为了解决实船高速低头埋艏的安全性问题，20世纪70年代，英国气垫船公司除了进行船模水池的模拟试验外，还直接用直升机在气垫船前方针对实船艏部进行航拍。

找到气垫船高速埋艏的机理后，科学家们提出了相应的解决方法及应对措施。如增加艏部"围裙"刚度（加设D形囊，使得艏部围裙形成局部密封空间，以保持一定的空气压力，以及增加内部的预应张力等）；同时船在出航前通过合适的装载使得船高速航行时的纵倾角必须大于一定的值，即保持抬头状态，以减少艏部"围裙"下部"手指"触水的可能性。

气动冲击力

物体前进时承受阻力为 $1/2\rho SV^2$，室温下空气密度 ρ 为 1.123 二克/米^3，而淡水密度为 1 000 千克/米^3，海水密度一般为 1 025 千克/米^3。在速度相同的情况下，遭遇水产生的阻力为遭遇空气时的近900倍。

低速横向动稳性

英国早期气垫船在营运中,在风浪联合作用下曾发生过横向动稳性丧失、低速横向翻船的事故。

研究和解决这种现象就需要了解气垫船的横向动稳性,而这同样与气垫兴波有关。与气垫船纵向前进会引起气垫兴波一样,船横向运动时也会因气垫内高压气流作用而产生兴波。

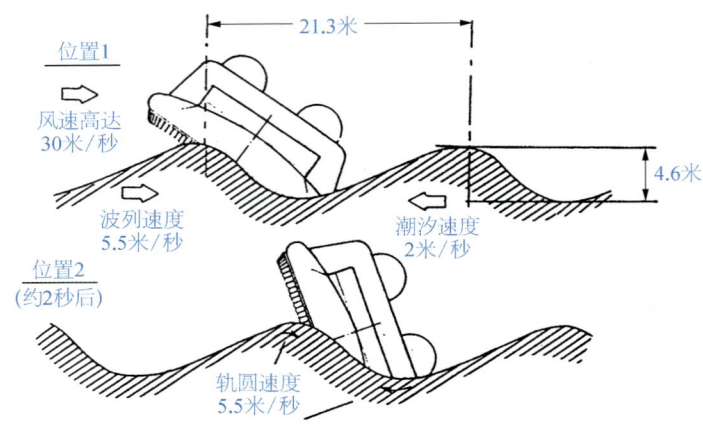

> 图152 英国早期气垫船在横向风浪作用下的横向侧翻示意图

> 图153 气垫船后部的尾波痕迹

> 图154 气垫船后部的尾波痕迹（横向侧滑状态）

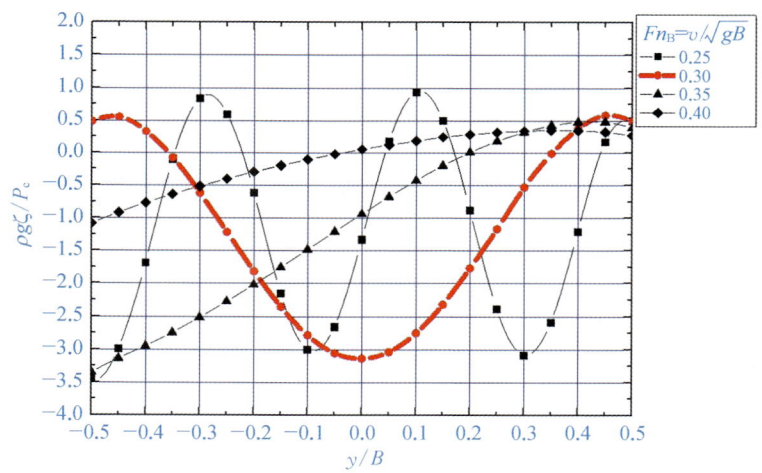

> 图155 气垫船横向运动时船中横剖面下兴波波形随Fn_B的变化

纵向前进时船后尾波宽度基本与船宽相等，而横向侧滑时尾波宽度基本与船长相等。船长一般大于船宽，因此横向侧滑时兴波阻力要远大于纵向前进时。船在转向时同时承受纵横向兴波的影响，受力更为复杂多变。横向兴波波形随横向傅汝德数的不同而变化。

在$Fn_B=0.4$时，纵向分隔"围裙"与

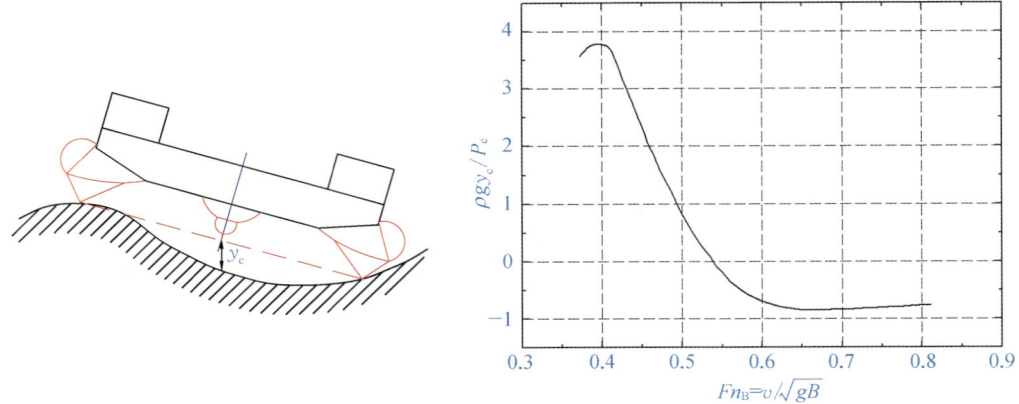

> 图156 气垫船横向运动时纵向分隔"围裙"与兴波波面之间的间距 y_c 随 Fn_B 的变化

波面之间的间隙 y_c 最大,即为水上静垫升凹陷的3.5倍左右。气垫船垫升状态下的横稳性不同于常规排水型船,靠其下部的纵向分隔"围裙"将气垫分隔为左右两部分,依靠低侧(下降一侧)气垫压力升高而高侧(抬高一侧)气垫压力降低来产生气垫复原力矩提供横稳性。纵向分隔"围裙"与波面之间的间隙变大后,左右两侧气垫的气流可自由穿行,两侧气垫的压力差将无法维持,垫态稳性大幅下降,在外界风浪扰动下容易翻船。

相应的解决措施之一是气垫船操控中严禁使气垫船在横向航速处于 $Fn_B=0.4$ 附近处"横行霸道"。

操控失稳

由于全垫升气垫船垫态高速航行时基本悬浮在运行表面之上,阻尼小,同时其推进和操控面均为气动设备,具有推进和操控效率低、强非线性和垂向与横向平面运动存在不稳定区域的特点,因而具有船态易受外界因素干扰、加减速存在延迟滞后和冲程大、机动操纵反应时间长的特点。

同时又具有不当驾驶会导致高速纵向低头埋艏、低速横向侧滑失稳、高速回转甩尾等危险现象，甚至引发翻船恶性事故的特点，故气垫船的驾驶操纵与常规舰船驾驶操纵存在明显差异。

气垫船在阻力峰航速以下运行时，由于空气舵的舵效差，操控力较小，而船的航向很难把握，即存在低速航向不稳的现象。气垫船在高速转向时，受风向或操控不当影响，会发生高速侧滑，在回转时则会发生高速甩尾现象，这种高速时的失稳现象很像汽车的高速甩尾漂移。

低速航向不稳，高速侧滑甩尾

在一些电影中的赛车手利用赛车高速甩尾漂移来超越对手。漂移技术虽然是一招制敌的绝技，但难度大、风险高，必须艺高人胆大，精妙操控，否则极易引起翻车。气垫船在水气界面高速运行时，有时受惯性力或外界阵风的影响会发生类似摩托车或小汽车那样的高速侧滑或急转甩尾的操控失稳现象。

不同于自主可控的汽车漂移，气垫船操控失稳更多属于意外，危害性也更大。如美国LCAC气垫登陆艇曾携带主战坦克在出母舰坞舱后的加速过程中因操控不当而发生甩尾侧滑，很短时间内基本原地高速回转了约720度，船大幅横倾急剧横摇，引起严重甲板上浪，大量水花被吸入高速旋转的空气螺旋桨与垫升风机，存在螺旋桨桨叶与风机叶片过载剥蚀的风险。

> 图157　美国LCAC气垫登陆艇甩尾侧滑（艉部的空气螺旋桨完全被飞溅水花包裹）

制服野马乱转圈——摇头摆尾操控面与航行安全限界

根据气垫船横向平面运动的特性，仅依靠艉部的空气舵只能控制回转，不能控制侧漂，只有在艏推器联合作用下才能抗侧漂，使船能在斜侧风作用下保持小漂角或零漂角直航。与艉部的空气舵相反，艏推器可提供内倾向心力，由较小漂角增大提供的向心力，使气垫船能以小漂角进行回转，从而接近于常规排水型船，提供回转动稳性。此外，艏推器与艉空气舵的联合协调操控可大幅提高气垫船的高速机动性能。

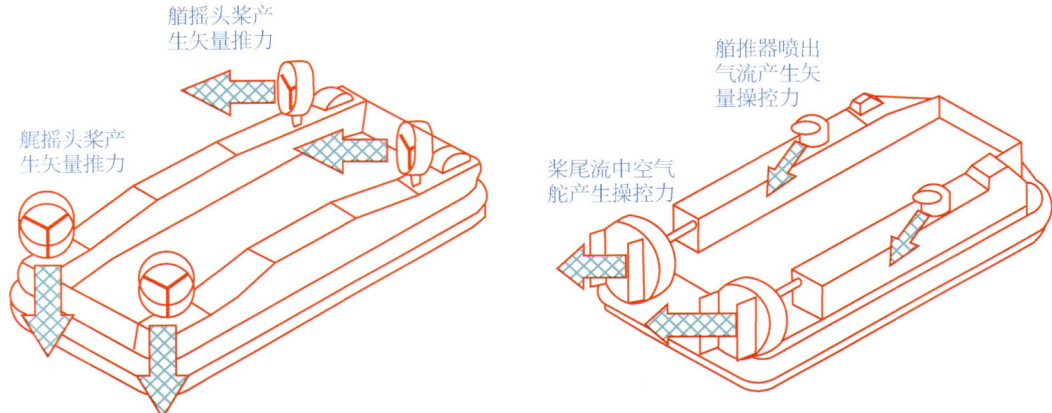

> 图158 美国气垫船 JEFF A 型（左）与 JEFF B 型（右）的不同操控模式示意图

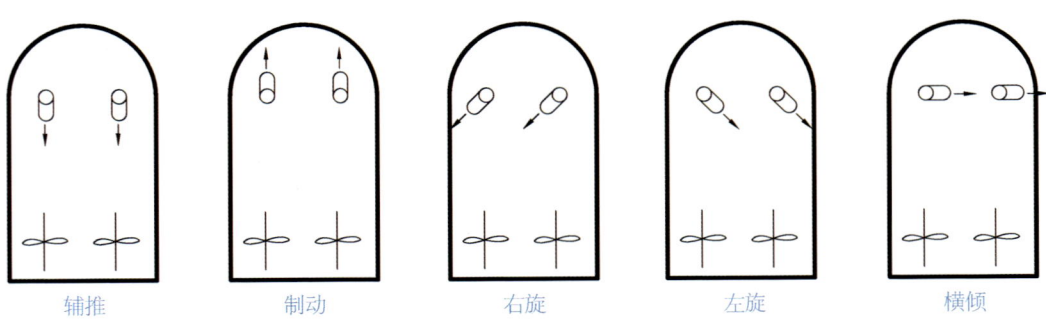

> 图159 气垫船艏推器的不同功效

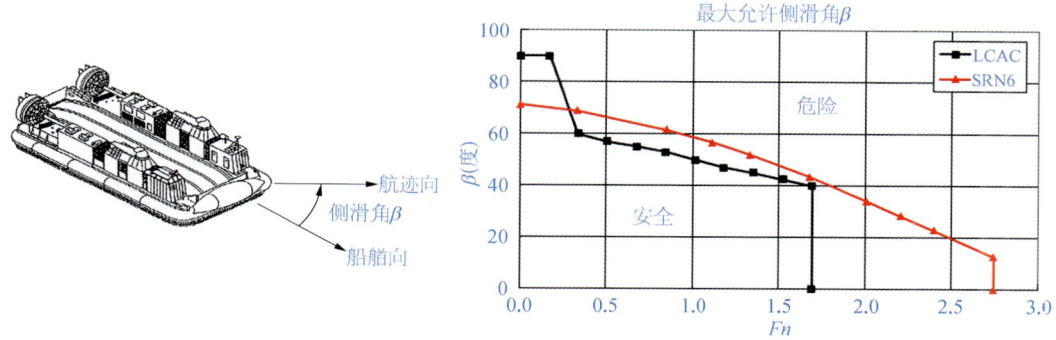

> 图160 美国LCAC气垫登陆艇、英国SRN6型气垫船侧滑安全限界

 气垫船航行安全限界

气垫船在高速航行时，存在外界干扰使艏部"围裙"触水造成低头埋首、操纵不当引起的侧滑甩尾及非对称埋首等，又很容易造成横侧低速翻船事故。尽管随着气垫船技术的发展，发生这些事故的概率和范围已大幅度降低，但为避免以上安全性问题，还必须给出严格的气垫船安全运行限界，如最高航速限制、航行过程中纵横倾角限制、高航速只能点舵回转、最大回转角速度限制等。

但限界过严会严重制约气垫船高速机动性的发挥，甚至影响船的战斗力。因此在安全允许的范围内，尽可能大地扩大船的运动包络范围是气垫船设计的关键技术之一。

正是由于高速侧滑存在较大风险，美国LCAC气垫登陆艇将侧滑角与纵倾角、回转率一起作为安全限界的重要指标参数，在其操作手册中明确规定了不同航速下的最大允许侧滑角（MAS）。可见作为军用的LCAC气垫登陆艇比商用的英国SRN6型气垫船在高速度时具有更大的允许侧滑角，这也许是因为军用的LCAC气垫登陆艇需要最大限度发挥机动性，以提高战斗力。

小贴士

艏推器

安装于气垫船艏部的辅助推进与操控的专门设备，如美国LCAC气垫登陆艇的艏推器为弯头喷管式，由垫升风机兼顾提供气源，利用高压气流向外喷出形成推力，在水平面内可随喷管旋转，形成矢量操控力。

复杂的气-固-液耦合动力学世界难题

作用于气垫船上的外力主要包括外部的气动力与水动力、内部的气垫动力、作用于"围裙"上的水动力。而"围裙"作为柔性结构在内部气垫动力与外部水动力作用下，又会产生变形运动，而这个运动又反过来影响作用于气垫船上的气垫力与水动力。所有这些气垫内部气动力、"围裙"动态变形力、水面动力耦合在一起，形成了复杂的气-固-液耦合动力学世界难题。

 **气垫船的气-固-液耦合系统**

气垫船在波浪中的垂向运动可以简化为气垫系统、"围裙"系统、水面系统这三个弹簧阻尼质量系统串联的综合系统。这三个系统均是在共同的力即气垫压力作用下发生位移和运动。

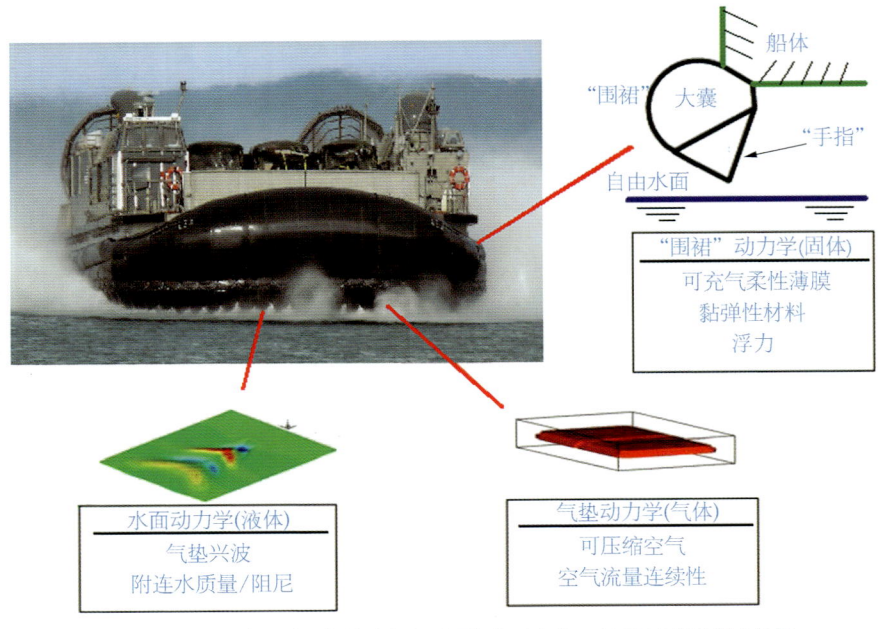

> 图161　气垫船运动受气垫动力学、"围裙"动力学、水面动力学的耦合作用

气垫压力大小是决定全船刚度阻尼或运动性能的关键参数,气垫压力越大则气垫系统的刚度与阻尼也越大。如果气垫压力小(低气垫密度的轻型气垫船),则气垫船在波浪中可以维持很好的平台运动,波浪上运动加速度小、阻力小。高密度气垫船的运动特性较硬,在波浪中运动时的加速度与阻力都比较大。

当"围裙"变形与水面变形串联进气垫后,形成的综合系统作用于全船,会使船的刚度与阻尼变小,使全船的运动特性变软,船在波浪上的运动加速度与阻力都相应变小。

低气垫压力与容易变形"围裙"(响应度大)的全垫升气垫船适航性能好,可部分隔离外界扰动对船运动变化的影响。

为解决气垫船由气垫、"围裙"、水表面运动构成的气–固–液耦合动力学世界难题,为气垫船性能设计提供理论依据,我国气垫船专家马涛从"系统分析与反馈原理出发",在国际上首次提出了"'围裙'气弹与水弹响应度"的设计概念,并据此建立了"响应'围裙'动力学理论",发表在由英国、美国、加拿大三个国家的气垫船协会发起的国际合著 Hovercraft Technology, Economics and Applications 上。

"围裙"水弹与气弹

未触水时的"围裙"气垫反馈系统——气弹动力学

水面升高或船下降使得垫升高度减

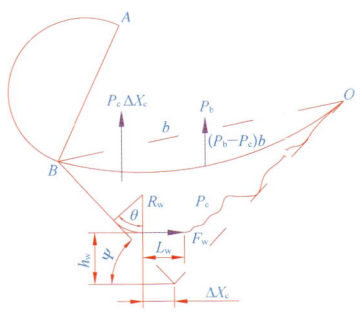

> 图162 囊指型"围裙"的"手指"下端触水后受力分析示意图

刚 度

物体在外力 ΔF 的作用下,产生位移或变形 ΔX,其比值 $\Delta F/\Delta X$ 即为刚度。该值越大,表示该物体具有较硬的特性。刚度与稳性在定义水面变形刚度之处相似。

"围裙"响应度
——气弹与水弹动力学理论

"围裙"在内部气垫动力与外部水动力共同作用下的变形非线性动力非常复杂,为方便分析,经线性化处理,将其简化为分别在内部气动力作用下的"围裙"变形响应,以及在外部水动力作用下的"围裙"变形响应。前者称为气弹动力学,后者称为水弹动力学。

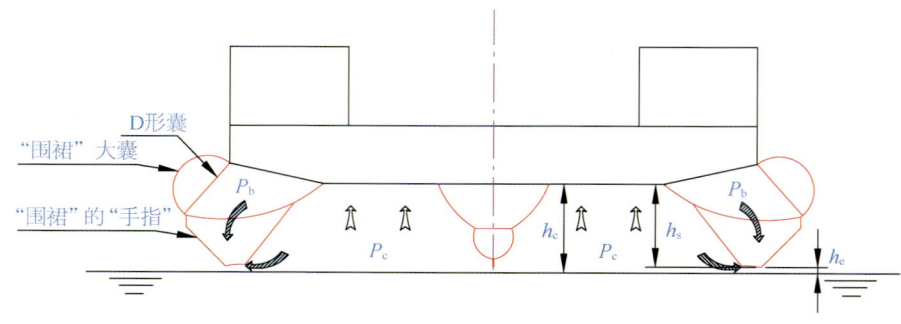

> 图163 垫升高度h_c、"围裙"高度h_s、泄流间隙h_e示意图

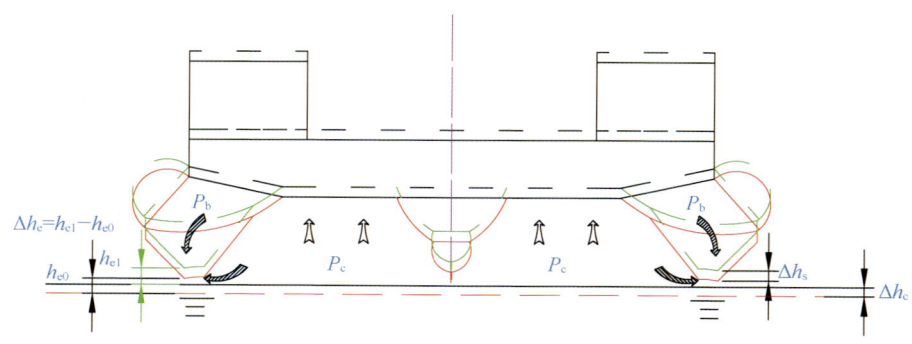

> 图164 水面升高Δh_c引起"围裙"高度h_s、泄流间隙h_e的变化示意图

小,引起气垫泄流高度减小,气垫泄流流量减小,由垫升风机供气——"围裙"的"手指"下部泄流组成的空气流量动态平衡过程被打破。泄流间隙与流量减小,若供气流量暂时不变,则"围裙"内部气流积聚增多,导致垫压囊压升高,从而使得作用于"围裙"上的力和力矩发生变化。

外力的变化又通过"围裙"系统主要是"围裙"大囊发生变形,使得"围裙"的"手指"末端与水面之间的间隙增大,使得气垫内的空气流量与压力尽快达到新的平衡状态。"围裙"系统以及气垫系统如同吸能减振弹簧一样,能隔离外界扰动,使得扰动引起的船体上下升沉位移变化尽量小。

触水时的"围裙"气垫反馈系统——水弹动力学

"围裙"的"手指"触水时的"围裙"水动力变形反馈系统称为水弹动力学,这时假设垫压、囊压都不变,水面升高使"手指"浸深增加,由于水动摩擦阻力和"手指"上气垫压力作用力的变化产生作用于囊上的扰动力。在此扰动力的作用下,大囊发生变形,使裙高增大或减小。

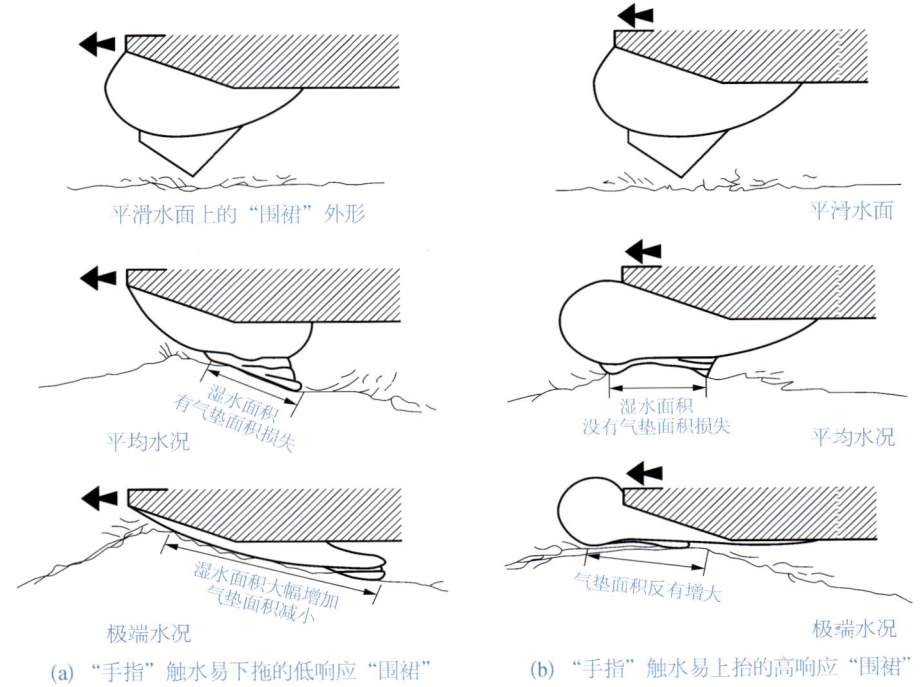

(a) "手指"触水易下拖的低响应"围裙"　　(b) "手指"触水易上抬的高响应"围裙"

> 图165　两种不同水动力性能的艏裙响应

在低速和小湿水时，即"手指"浸深的增加使"围裙"上抬，裙高对水表面响应为正，而超过某一临界的航速和湿水高后，"围裙"在水动力作用下不能再向上抬而是被下拖了，"围裙"的水动力性能和稳性性能开始变坏。再发展下去，"围裙"则会静态失稳产生缩进现象。

响应"围裙"受力时的变形响应主要取决于其大囊的变形能力，由内囊膜片弹簧与外囊膜片弹簧并联提供。这两个等效膜片弹簧在 XY 平面上并联，外囊垂向响应可改善船在波浪上的垂向运动响应，而内囊的刚度则主要用于抵抗"围裙"触水阻

响应"围裙"的气弹响应度

船垫升高度变化（Δh_c）会引起泄流高度（h_c = 垫升高度 h_c − 裙高 h_s）变化，导致裙高变化（Δh_s），定义 $\Delta h_s / \Delta h_c$ 为"围裙"的气弹响应度。若 $\Delta h_s / \Delta h_c$ 在0.6以下，则可认为该"围裙"为低响应"围裙"；而如果 $\Delta h_s / \Delta h_c$ 在0.9以上，则认为其为全响应"围裙"；处于两者中间的即为一般响应"围裙"。

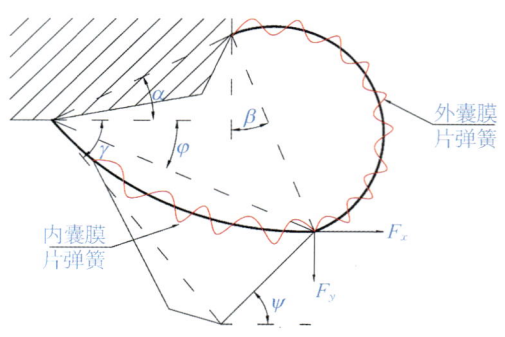

> 图166 囊指"围裙"的内囊与外囊相当于膜片弹簧（红线部分）并联在一起

力引起的缩进现象。

"围裙"内囊等效膜片弹簧刚度小，则在同样水平外力作用下，较易压弯失稳，造成缩进。若"围裙"外囊等效膜片弹簧刚度小，在同样的向上外力作用下较易上抬，从而减小触水，不易内拖缩进。"围裙"的这种响应直接影响了气垫船在波浪中的触水阻力以及垂向加速度性能。

"围裙"系统以及气垫系统如同减振弹簧一样，能隔离外界扰动，使得扰动引起的船体上下升沉位移变化尽量小。侧部"围裙"大囊的局部区域随波面升高而抬起，但"围裙"上部基本不变，通过"围裙"大囊局部变形吸收了波浪能量。

应用响应"围裙"理论研发的低阻响应"围裙"可使气垫船在静水和波浪上的阻力大幅度下降，已获得船模阻力与耐波性试验以及实船测试的充分验证，这在气垫船技术上是一重大突破。

相当于汽车轮胎悬挂系统的"围裙"隔振

"围裙"的刚度由前述的几何刚度与压力刚度所组成，取决于其内部张力的大小，即正比于其曲率半径与压差。与汽车轮胎相似，其刚度也取决于其压力刚度、充气压力大小与轮胎的组合结构形状、适合不同地形的软硬胎。

气垫船的气垫基本分成3个或4个气室，P1表示"围裙"外部的环境大气压力，P2为前气室气垫压力，P3为左后气室垫压，P4为右后气室垫压，P5为周边"围裙"大囊内压力，P6为垫升风机供气压力，P7为横向气垫分隔裙囊压，P8为纵向

> 图167 气垫船高速航行过程中"围裙"大囊局部随波起伏而船体高度保持不变

气垫分隔裙囊压。细的单箭头表示气流从大囊流向气室，双向箭头表示气流在不同气室之间的流动，空心箭头表示气流从气垫内泄流至周边大气环境，粗的蓝箭头表示风机把外界空气加压后向气垫内供气。

垫升风机提供的高压气流进入周边"围裙"大囊，经"围裙"上的囊孔扩散进入"围裙"的"手指"，从周边"围裙"下部的泄流间隙逸出至外界环境，形成一个动态的气流及压力平衡过程，将船垫升起来。每个气室的气垫压力在外界波浪作用下引起的飞高间隙变化导致各个气室压力的大小变化，从而使船产生升沉、纵摇与横摇。

由于响应"围裙"会随气室压力变化而上下变形，压力升高时"围裙"上升，压力降低时"围裙"下降，使飞高间隙变化减小，从而使垫压变化减小，船的运动响应与加速度随之减小，同时"围裙"触水的附加阻力也减小。

气垫"围裙"串联后的弹簧阻尼系统就如同汽车的4个或3个与充气轮胎串联的弹簧阻尼悬挂系统。

其充气压力越高，则轮胎的刚度阻尼就越大，在经过高低不平的地面时，汽车就越容易摇摆与跳动，特别在高低不平程度较小而速度较高时，汽车蹦蹦跳跳的垂向加速度很大，这与气垫船的"鹅卵石"效应非常相似。地面升高引起汽车胎压变化，使其弹簧阻尼系统发生向上变形运动，反过来减小了胎压变化与汽车的弹跳加速度，形成一个闭环反馈系统。

> 图168 汽车轮胎及弹簧阻尼悬挂系统

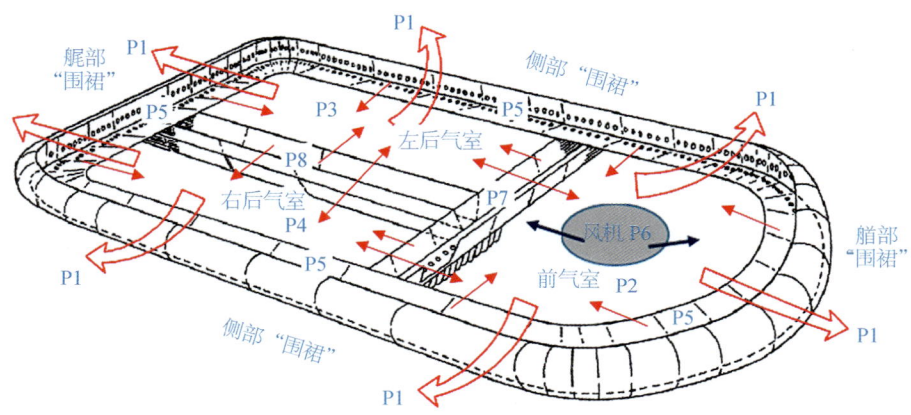

> 图169 气垫船下部气垫被纵向、横向分隔"围裙"分隔为气室（P2、P3、P4）

第 6 章
我国气垫船的发展

我国气垫船研究基本上与国外同时起步，第一艘气垫船的长航试验早于英国。随后一段时间发展比较慢，改革开放后，经过我国从事气垫船研发科研人员的不懈努力，克服种种艰难险阻，气垫船技术获得了长足进步，并在"响应围裙"理论研究上走到了世界前列，成功研制了系列民用与多型军用气垫船。

我国第一艘气垫船

1959年7月12日，在辽宁旅顺口外海面，我国对自行研制的气垫船进行了试航。航速最高达69.5千米/时，并完成了16海里的长航试验。这艘气垫船与英国横渡英吉利海峡试验的SRN1型气垫船长航试验相比，早了13天（SRN1型气垫船于1959年7月25日试航成功，航程25海里）。

研发第一步

20世纪50年代后期，我国与国外同步

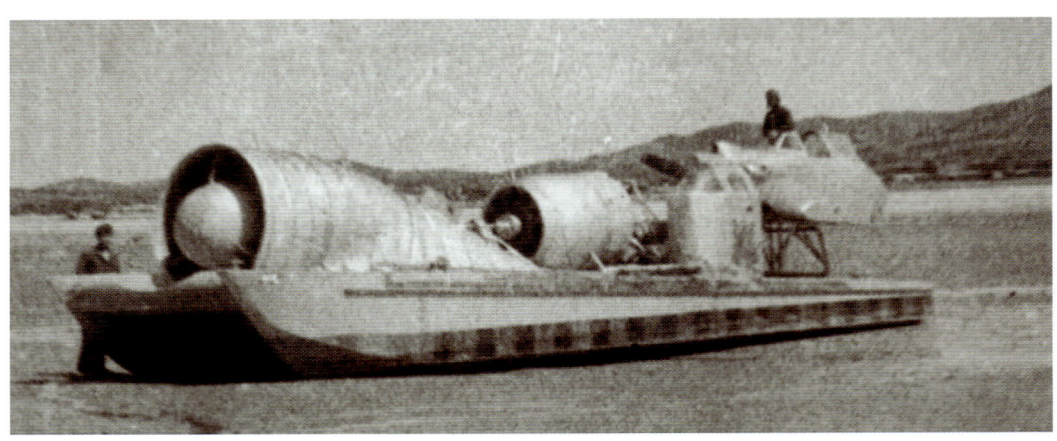

> 图170　我国第一艘气垫船静置于陆上

开展了气垫技术的应用研究以及气垫船的开发。

1957年，哈尔滨军事工程学院舰船教研室将研制气垫船列为"特级"科研项目，组织顾懋祥、恽良等人研制我国第一艘气垫船33艇。

1957年完成船模制作，并成功进行了静飞升试验，同时也完成了2.5吨实艇的草图设计，并委托哈尔滨飞机制造厂进行施工设计，于1958年7月建成。

该气垫船的船体俯瞰是个长方体，安装有2部航空活塞发动机，一部用于推进，一部用于飞升。因当时尚无高速拖曳水池，无法开展试验研究，特建造1条木质双水翼小艇，用于拖拉气垫船，除1名驾驶员外，还可乘坐1～2名试验员。

通过拉杆拉动气垫船模，在水翼艇越峰后水花很小时拉动气垫船模，然后利用拉杆上的弹簧秤测出气垫船模高速时的阻力，航速用航行标杆测出，至于气垫船的飞升动力则由水翼艇上的蓄电池提供。通

> 图171 试验人员合影

过这种办法，测得了气垫船的阻力（高速时），但对阻力峰值一无所知。

该艇造好后先在哈军工的停机坪上试验，1958年8月1日把刚建成的艇拖到松花江边向彭德怀元帅汇报表演。这次表演垫升成功了，但未越出阻力峰，不过彭总还是十分高兴，鼓励大家好好干。之后试验团队转到呼兰河野外试验场继续试验，彭总又视察过一次，他对气垫船的发展很关心。

> 图172 我国第一艘气垫船高速航行

> 图173 在呼兰河用水翼快艇拖曳船模试验

当时试验团队住在呼兰河一个湖心岛上，岛上有狼，试验期间中国人民解放军总政治部主任谭政大将也来视察过，他了解到这些情况后特地嘱咐哈军工刘居英副院长要加强保卫，于是学院派来半个班士兵来加强保卫。

征服"阻力峰"——首艇试航成功

为了研究并征服"阻力峰"，试验人员进行了大量的试验。试验要求水面非常平静，但秋季的湖水只有清晨3至4时才能满足要求，他们趁着清晨的阳光在光滑如镜的湖面拖行。

哈尔滨的冬天气温非常低，一旦水面结冰，试验就无法进行，因此在1958年入冬前，试验队转到旅顺基地。到了旅顺基地后，为争取时间，船模试验、实船试验同时进行。但是在海面上进行船模试验是不可能的，而当时国内没有高速水池可用。因此他们和大连第二海校一起对他们的重力式拖曳水池进行改装来继续试验。

通过试验，初步摸清了气垫船的流体力学，认识到不仅有阻力峰，而且还由于前后气垫压差造成的次阻力峰，两者叠加起来造成越峰的困难加剧，如设计得好可以大大减小阻力峰。

在揭开了阻力峰的神秘面纱后，试验人员在旅顺海军基地成功地进行了海上试验，艇航行速度越过阻力峰，达到气垫航行的最高速度。经过不懈努力，1959年7月12日试航成功了。

1960年夏，时任海军司令员萧劲光、旅顺基地司令员刘华清等40多名海军领导同志观看了高速航行和登陆试验汇报表演。该艇越出阻力峰并在旅顺口外海进行了16海里的长航试验。

空气舵　　水舵

> 图174　我国第一艘气垫船的空气舵和水舵

> 图175　气垫艇在海上高速行驶

 忘我投入的科技工作者

作为第一艘气垫船有许多技术局限和不确定性，研制工作充满危险，研制人员随时面临考验，如有的测试要爬到艇底下，气垫船升力风扇高速旋转时有200匹马力，风压、流量、流速都相当大，在这种情况下，测试人员爬到船底部可能会发生窒息或压破耳膜。

顾主任要亲自爬进去，后因个子太高进去后头无法抬起，换了一位个子稍矮的同志爬进去。为确保安全，顾主任专门配置了一根绳子，绳索一头系在爬进去的同志腿上，另一头系在自己腿上，试验中如发生了紧迫情形，爬进去的同志将绳子一拉，他就感知到了。

类似的事情太多太多，如苏联来华工作的一位参谋到工作现场，转了好几圈愣是没认出他要找的教授，其实那位教授就是蹲在地上、两臂油污、满脸黢黑地正在聚精会神干活的人。

第一艘气垫船的研制有很大的理论和实践价值，结合船模和实船试验，以及相关的理论研讨，使人们初步了解到气垫船的机理、气垫力学、阻力、阻力峰、兴波、稳定性、快速性、飞升性、耐波性的重要性等，为后来气垫船的研制奠定了基础。

气垫船如何改变航向

因为是气垫船，考虑到要兼顾在水中和空气中航行，因此我国第一艘气垫船有两个可改变航向的舵——空气舵和水舵。在空气中靠空气舵，在水中使用水舵。空气舵安装在垂直安定翼后，共2片。水舵放在船艉，不用时用绳拉到船上。水舵大小大概是空气舵的1/5，但很少用。

气垫船研试全面展开

第一艘气垫船从20世纪50年代试航获得成功后,气垫船研究在国内上下大受关注。近20年攻坚克难逐渐掌握了垫升性、垫态稳性、快速性、耐波性、操纵性等关键气垫技术,为研制气垫船具体工程型号打下了坚实基础。

多方尝试,明确研制方向

全国有几十家单位通过载人试验车和试验艇试制,进一步开展原理研究和模型试验,来探索气垫技术。在研制中各显神通,主动力采用航空活塞式汽油发动机,由空气螺旋桨或喷气推进;除有能兼顾上岸的气垫船外,还研制了主要为陆上使用的试验性地面效应器或气垫车。

但是由于技术限制,这些试验船、车均未安装柔性"围裙",在试验中出现了许多问题,如操纵性方面受限等,仅处于原理性研究阶段。

国防科委1960年召开了全国气垫技术会议,通过各不同单位研制的各型试验车和试验艇现场比试,明确主要研究方向为气垫船,以进一步缩短战线,循序渐进,并组织集中优势力量对关键技术进行协作攻关。

> 图176 711−1艇

国防科委船舶专业组于1962年组织制定了船舶科学技术发展10年规划（1963—1972年），气垫技术研究被列入其中。国防部第七研究院被国防科委确定为主要力量，组建专门研究机构，建立专用气垫实验室，对气垫船关键系统——"围裙"开展原理性研究。

此外，沈阳松陵机械厂于1963—1967年期间研制了"松陵"1～3号的全垫升式气垫试验艇，在松花江、旅顺近海以及辽河上进行航行试验。柔性"围裙"开始被装船使用，先是早期单层"围裙"，后为射流式火腿型"围裙"。

 **全垫升气垫船试验研究**

全垫升气垫船的研制过程中，我国科技人员进行了大量关于全垫升气垫船"围裙"型式与性能试验。

1963年之后的5年间，总重为4吨级的小型全垫升气垫试验艇1号和2号相继试制。1966年初，1号艇调试成功，成为我国第一艘实用的全垫升气垫船。它的航速从15千米/时飞快增加到80～90千米/时。1号艇初期只采用硬体周边射流"围裙"，继而增装火腿型柔性"围裙"成为711-2艇，最后改用囊指型围裙。加装"围裙"后，艇可越过障碍的高度达1米，真正具备了两栖性，不仅可在水面飞升行驶，还可登陆上岸，成为名副其实的水陆两栖登陆艇。

为解决气垫船垫升、推进、垫态稳性、高速埋首、横向翻船和甩尾侧滑等问题，研制单位先后在上海淀山湖和黄浦江利用711-1艇和711-2艇进行反复试验。

改进后的711-2艇采用的空气螺旋桨可变正负螺距，仅由1人即可集中控制艇的驾驶和全艇机电系统操纵，加上精心设

> 图177 711-2艇

计的"围裙"提升技术与桨后空气舵联动，大幅改善艇的操纵性能，回转半径显著减小，在河汊沟渠、稻田岸滩等地形均能运转自如，可飞跃稻田、上岸退滩、逾越沟渠等。除优良的操纵性外，快速性也获得改善，在湖面上最大航速达98千米/时。

在稳性试验中，科研人员在艇上做了7～8次高航速失稳试验，发现顺风时无论风速大小，只要稍有变化艇即失稳，在高速飞行状态中船艏突然下垂触水而急剧减速，如疾驰的汽车急刹车，十分危险。在试验中科研人员常常从后座腾空而起后跌落。在逆风时则完全不会发生失稳状况。这项试验获得了重要结论：气垫船与飞机一样，"一路顺风"未必是好事。

我国四川省的金沙江段和云南省西双版纳澜沧江素以滩险流急著名。1967年，711艇在上述河段试航时在湍急滩流中向上游冲滩成功。该艇返回上海改进后，在沿着黄浦江、长江口长航到舟山沿海的过程中开展了充分的耐波性试验。

1966年研制了711-3艇进行侧壁式气垫试验，用于探索在船体两侧增加插入水中的刚性结构以形成侧壁，便于采用常规水螺旋桨推进的技术。经淀山湖和黄浦江上的早期航行试验后，又在金沙江、澜沧江及舟山等地的不同江河海洋环境下做了系列中间试验，成功经受了激流和泡漩水的严峻考验。穿插其间进行的横稳性以及艏艉气封"围裙"改进、艏部加设水翼等多项试验，均取得初步成功。

气垫船安装有柔性"围裙"，依靠"围裙"内高压气垫高速航行，但也有"高速纵向埋艏"的独特风险，是气垫船技术发展的"拦路虎"。同时艏部"围裙"安装在船体下部，被船艏凸出结构物挡住，在船头往往直接观察不到。

当时试验条件艰苦，为解决这一"拦路虎"，科研人员将自己家里五斗橱上的

> 图178　711-3艇

镜子拆下来带到试验场，将其放在船艏。顶着船高速航行时的大风，冒着船突然埋艏被摔入水中的危险趴在船头，通过镜反射观察试验中艉部"围裙"的状态，获取第一手资料，进行气垫"围裙"原理性研究。

711系列艇的研制成功，充分展现出气垫船优良的性能与广阔的发展前景。

由内河向沿海发展的气垫交通试验艇

1965年冬，国家科委召开船舶技术政策讨论会，决定促进国内气垫船的发展，并以解决军民急需任务为目标开展试验艇的研制。20世纪70年代开展了多型气垫船试验艇的研制工作，涵盖民用交通与军用登陆等领域，并由内河逐步推向沿海深入试验。

20世纪60年代后期，为适应沿海岛屿之间的交通需要，设计了716型全垫升气垫交通试验艇。该艇总重16吨，设计载重量2吨，当年在淀山湖试航时最大航速达100千米/时。后被调到广东海区试用。

1971年为重庆轮船公司设计建造了713型侧壁式气垫船，以适应川江、金沙江快速交通客运需求。该船船体为铝合金结构，主动力采用首批国产试制的12V135型增压高速柴油机，可载客80多名。

该船于1977年经改装后与其他气垫船一起编队进行长航试验，先由重庆顺流航行至宜宾，再沿金沙江上溯到新市镇，待顺流返回宜宾后，又沿岷江上溯到乐山，最后顺流返回重庆。整个航程合计1 500余千米，成功通过了急流、浅滩、大漩涡和急转弯等复杂水文环境的严峻考验。

20世纪60年代后期，实施中小型江河气垫船实用船型的研发，设计、建造浅水急流区段用喷水推进侧壁式气垫船多型。新型气垫船于1973年建成，为喷水推进侧壁式气垫船，总重12吨，载重2吨，主动力采用国产12V150ZC柴油机，功率为220千瓦，当初航速仅42.8千米/时。经改进后操纵性能得到进一步提升，靠离码头更

> 图179　716型全垫升气垫交通试验艇

> 图180 713型侧壁式气垫船

为方便，在拥挤航道中穿梭自如，江中航速提高至48.5千米/时。

1970年设计出钢质艇体、玻璃钢上层建筑的沿海侧壁式气垫试验艇，后进行改进，艇长增加6.5米，总重增至96吨，客位增加到180名，航速为57千米/时。该艇建成后由南京旅游公司营运。

 我国的气垫登陆试验艇

1975年开始研制气垫登陆试验艇。1979年建成第一型，总重65吨，主机为返修的航空活塞式发动机，可装载1辆军用卡车或1个步兵连。次年该型完成800海里的长航试验。随后研制了第二型，实现我国首次将燃气动力装置安装于气垫登陆试验艇，并首次成功应用响应"围裙"理论设计了"围裙"系统。

气垫登陆试验艇的研制面对众多技术难关，如：国产船用409燃气轮机组首次用在气垫登陆试验艇上；为提高耐波性，首次采用低囊压比（低阻）响应"围裙"；为提高耐海水腐蚀能力，采

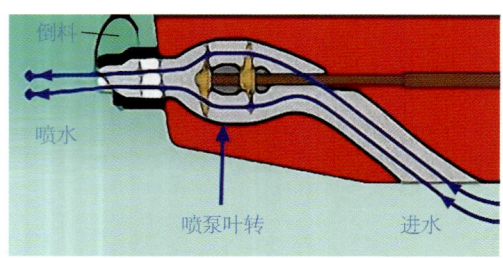

> 图181 喷水推进原理示意图

> 图182 719型侧壁式气垫船

第6章　我国气垫船的发展　117

> 图183　气垫登陆试验艇

用特种防锈铝合金艇体材料；研制直径3.6米导管空气螺旋桨与直径2.8米可拆叶片垫升风扇；研制主机进气滤清装置；研制挠性连接的大功率刚性长轴系；研制"机-桨-扇"联合控制系统等。这些项目在我国均属首次研制，也是该型气垫登陆试验艇获得成功的技术基础。

装备国产第一台船用燃气轮机

在气垫登陆试验艇第二型长达8年的研制过程中，经历了三大难题，即主动力、经费与飞升性能。

气垫登陆试验艇方案设计一开始就

> 图185　气垫登陆试验艇水上高速航行

> 图184　气垫登陆试验艇第二型

喷水推进

与传统的螺旋桨推进方式不同，喷水推进主要是通过水泵来喷射水流，获得反作用力以达到前进的目的。喷水推进系统通过管道把水吸入水泵内，由水泵把水排出以产生反作用力。喷水推进船的转向则可以通过喷口方向的改变实现。相比于螺旋桨推进，喷水推进最大的好处就是抗空泡能力强。基本不会出现被空泡腐蚀严重的情况。而且高航速时效率高、振噪声也小。喷水推进需要配置大推力水泵产生足够大的推进动力。

遇到了选用何种机型的问题。当时国内尚无船用燃气轮机可供该艇使用。领导果断决定采用国产409燃气轮机作为艇动力。主动力难题是在燃气轮机试车中，数次产生涡轮叶片断裂事件，科研人员通过艰苦努力和深入研究，找出原因，成功解决了断裂问题，为我国首创燃气轮机在气垫船上的应用做出重要贡献。

1988年夏，气垫登陆艇基本建成，燃气轮机问题也已解决。但在艇静飞升试验时，发觉艇飞不起来，还发生飞升风扇的下轴承烧毁。之前刚刚化解的对新技术的疑虑又重新产生，试验人员经过数个不眠之夜的精心论证，发现静飞升失败的原因是气道设计、风扇出口与气道阀门配置等出了问题。改造后的艇一举飞升成功，达到1.5米的设计垫升高度。

该气垫登陆试验艇在平台调试时需要较多压铁作为压载物，而船厂现成的压铁总重量仅为5吨，数量远远不够，还缺少10～20吨重量的压铁。当时的经费并不宽裕，船厂没有马上急着采购压铁，而是灵活变通，土法上马，准备采用人工替代压铁。

成年人的平均体重约75千克，20个人的体重总计仅为1.5吨，故为此需动用几百号人。每个人先称体重，再按体重编成小组，并按照口令站立在指定区域内，起到压载作用，很快就配合完成试验任务。现场发现，这种方法其实比压铁还好，因为移动压铁还要人工搬运，而人工压载移动位置更为主动方便，当时被工人师傅们戏称为"人工压铁"。

除了动力装置，这型气垫艇作为技术密度较高、具有多项国内首制的项目，它的数十台关键设备、成千上万个零部件，都可以打上"made in China"的印记。这是祖国的光荣，这是我国工程技术人员、工人和解放军指战员的骄傲。

气垫登陆试验艇的设计团队

为了争取时间早日建成，为气垫登陆试验艇工作的百余名科研人员夜以继日地工作，在施工设计开始后不到2个月就陆续向船厂交图，在半年的时间里完成了平时10个月才能完成的全部施工图纸。

在建造和调试的6年零2个月共计2 250天的日子里，科技人员下厂配合施工，及时处理出现的技术问题。大沽船厂600余名职工密切配合，不分昼夜，寻找最佳工艺手段，严把建造质量关。

这一时期气垫船的研制是在非常艰苦和困难的客观条件下进行的，技术上有很多高难度的问题需要解决，工作中遭遇过很多挫折和失败，研制周期也很长。由于从事该项工作的科技人员、工人和干部的共同努力，在上级主管部门和军方的支持下，终于完成了任务。这些艇的建成和试验、试用，积累了大量宝贵资料和经验教训，培养和造就了一批科研设计人才，提高了研究设计水平，为气垫船的工程化和实用化奠定了基础。

进入实用阶段的气垫船

自20世纪80年代开始，气垫船的研制进入工程实用化、商用化发展阶段。中国船舶与海洋工程设计研究院创建了国内唯一的气垫技术实验室，并借此对气垫技术理论研究开展广泛试验验证。气垫船实用化技术日臻成熟，成功研制了多种工程型号，并编制了一整套气垫船设计规范、规则、程序和指导性文件，无论是在气垫技术理论研究，还是在型号工程设计方面，均取得了显著成就。

走入实用化的交通型气垫船

1980年5月，国防工办主持召开了第二次全国气垫技术专业会议，以推进实用化气垫船研发。会议认为，由于国内缺乏适用的动力设备系统，以及艇体与柔性"围裙"材料不配套，导致我国的气垫技术长期停留在试验和试用艇阶段。鉴于科研经费有限，决定先从内河用小型气垫船研制开始，逐步过渡到实用于河口、沿海用的中型气垫船。

在改革开放政策的指导下，经过5年的艰苦努力，有关部门从国外引进了先进技术和设备，从而使得主要关键器材设备得到基本解决，气垫船的研制终于进入实用化阶段。

内河用侧壁式喷水推进气垫艇

20世纪80年代，研发设计内河侧壁式喷水推进气垫艇。该艇总重16吨，有40个客位，航行吃水0.45米，航速达32千米/时，具有良好的经济性。

在此艇基础上，1981年先后设计了两型侧壁式气垫船，即重庆轮船公司的717-2型艇"岷江"号，载客54名，航速46.9千米；重庆轮渡公司的717-3型艇，载客70名，航速44千米/时。从1984年10月起，两艇均在重庆连续营运数年，平时由重庆到泸州单程249千米，夏季到宜宾单程372千米，只需要6小时到8小时30分，大大缩短了运行时间。

> 图186　717-2型气垫船"岷江"号

港湾河口用侧壁式气垫艇

1980年设计建造了港湾用侧壁式气垫旅游艇"津翔"号,为适应高盐海洋环境条件,船体采用耐腐蚀铝合金建造。1983—1985年,该艇曾在上海至南通航线试营运。

在以"津翔"号作为原型艇的基础上,1985年设计了"鸿翔"号侧壁式气垫渡船,用于上海市区到崇明的短途高速客运。该船总重123.5吨,载客258名,航速44～50千米/时,远超常规的普通渡船,大幅缩短了上海市区至崇明岛的航渡时间,从普通渡船所需的2小时缩短至气垫渡船的45分钟。实船营运表明,其性能稳定,飞升、推进动力装置可靠,"围裙"寿命已满足长时间营运要求,是实用化的船型之一。

小型全垫升气垫"吉普"

天津大港油田需要一种在一般车船难以到达的沼泽、滩涂、淤泥等特殊地区使用的工具,大港油田指挥部委托研制了小型全垫升气垫"吉普",以方便火车运载。艇体采用耐腐蚀铝合金结构,总重2.6吨,可载客8名。用户使用后较为满意,后又续订了4艘。为降低主机故障率和消除桨叶颤振,该艇主动力装置改用进口的道依茨(Deutz)风冷高速柴油机,先后小批量生产建造了17艘,分别交付黄河水利委员

> 图187 719-2型"鸿翔"号侧壁式气垫渡船

> 图188　7212型"郑州"号全垫升气垫船

会、大港油田等用户使用。

1987年，河南省旅游局为开发黄河旅游资源，委托设计建造用于黄河旅游的7212型全垫升气垫船，1989年建成后命名为"郑州"号，总重10.3吨，载客33名。

登陆人员"不沾水"的第一代气垫登陆艇

在气垫登陆试验艇基础上研制小型气垫登陆艇，成为我国进入实用阶段的第一代气垫登陆艇。该艇可直接抵滩，从而实现登陆人员"不沾水"的快速登陆模式，以及中型登陆舰和滩头之间的人员和物资运送。1994年在天津新港海域成功进行了单艘艇海试和进出母舰的试验。该型气垫

> 图189　第一代气垫登陆艇与民用气垫船联合演习登陆

> 图190　正在冲滩登陆的国产第一代气垫登陆艇

> 图191　第一代气垫登陆艇航渡中

登陆艇是国产小批量建造军用气垫船的开始，也是首次列编海军舰艇部队的气垫船。

第一代气垫登陆艇交船后，在20世纪90年代中后期至21世纪初，多次参加海上演习。

1995年10月，该型艇参加了人民海军建军史上的第二次"海上大阅兵"，执行登陆演习科目的汇报演练。之后参加了东海某海域进行的大型实兵演习，通过央视新闻播报出现在人们的视野中。

第一代气垫登陆艇为后续新型号大吨位军用气垫船的研发提供了翔实的理论依据，为人民海军两栖战舰搭载气垫登陆艇，实现多样化登陆模式奠定了基础。

 第二代气垫登陆艇

20世纪90年代，随着对发展舰载气垫登陆艇和新型两栖登陆作战装备的需求，我国开始研制第二代气垫登陆艇。

这型气垫登陆艇的高航速、两栖性大大提高了冲击上陆、抢滩速度，增大了战术突然性，上得去、突得破；可在冰雪、沼泽、礁滩上航行，也可在无码头设施的沿海岛屿停靠，诸如南海岛礁、东海岛屿，实施无码头的后勤补给；可用于浅滩、滩涂岛屿间巡逻警戒、交通运输、抢险救灾等任务。

> 图192　第一代气垫登陆艇满载登陆兵

它的成功研制对于人民海军跨海登陆能力有重大意义，一方面可以加强远距离投送兵力的能力；另一方面可大大加强"第一波"投送重型装甲车辆的能力，让由海向陆突击速度大大提高。新型气垫船服役后，随"昆仑山"号船坞登陆舰参加了亚丁湾护航任务。

该艇用于由海向陆转运坦克、车辆等重型装备，采用全升气垫技术，具备跨越地形及人工障碍的能力，可以把重型武器迅速送上滩头，提升海军两栖攻击能力。该艇的研制技术涵盖了船舶与航空两大领域，国际上只有个别国家成功研制了介于船与飞机的坞载坦克气垫登陆艇。

为确保项目研制成功，集中了气垫船研究领域的精锐力量，成立了老、中、青技术人员搭配的设计师系统。设计团队通过大量调研分析与课题研究，解决了主尺度受限条件下艇高海况越峰、优良的高速抗埋首能力，以及波浪中较低运动加速度等一系列性能难题，攻克多项关键工程技术，确保了装备研制成功。

该艇2016年获工信部国防工业科技进步一等奖，2017年获国家科技进步二等奖。

> 图193　第二代气垫登陆艇获得国家科技进步二等奖

气垫船

我国气垫船的理论发展

气垫技术实验室

"围裙"理论与实践的研究是气垫船迈向海洋的重要一步,为此,我国依靠自己的力量,创建了"围裙"实验室,先后开展了大小"围裙"箱的系列试验。

20世纪70年代初,简易而实用的静飞升实验室成立,用于研究"围裙"成型机制与效应。其中大"围裙"箱尺度与气垫

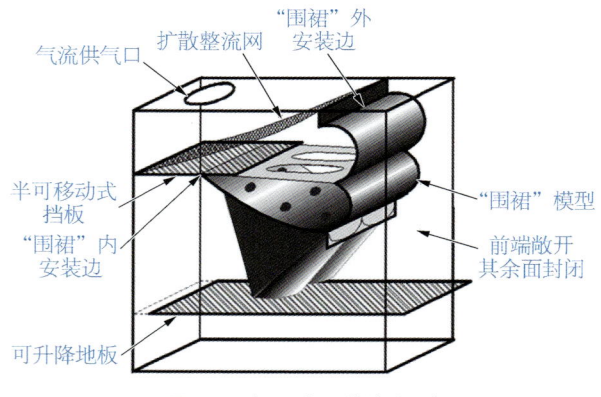

> 图194 小"围裙"箱试验示意图

> 图195 小"围裙"箱

第6章　我国气垫船的发展

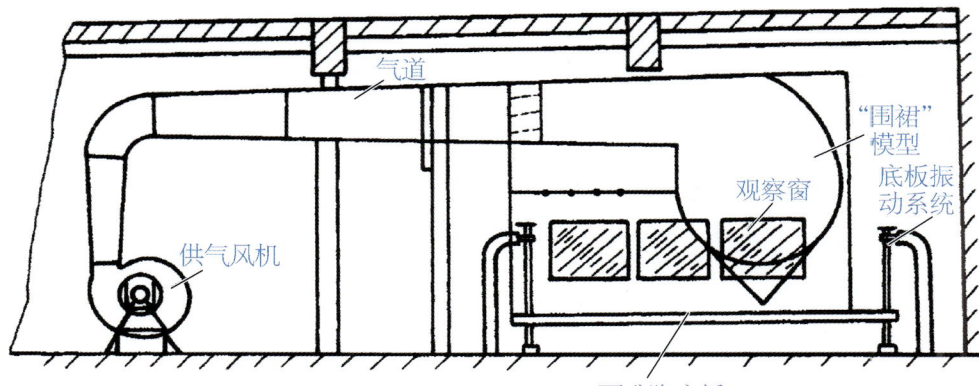

> 图193　大"围裙"箱

登陆试验艇实艇"围裙"大小相同，长4米、宽2米、高3.5米，为当时世界上最大的气垫船"围裙"试验设备。

实验室的使用效果远超预期，培养出了许多气垫船研究人才，产生了许多很有学术价值的论文，如"围裙"成型研究、响应"围裙"和全垫升耐波性研究、二元"围裙"试验研究等。华怡与马涛对于响应"围裙"变形及抗颤振试验的成功，还被英国气垫船公司专家在英国气垫船专业杂志上撰文夸赞。

在20世纪80年代初，良好的试验效果使我国在"围裙"理论的某些研究领域达到国际先进水平。

 **理论突破，推进实艇研制**

气垫船作为一种高速运行于水气界面的高性能船，它所受到的外部气动力、内部气垫动力、下部水动力以及"围裙"在水气动力作用下变形响应的影响与触水力，使气垫船成为所有交通工具中流体动力最为复杂的船型，由此也带来了一系列运动稳定性问题，使总体性能设计远难于其他船型。

为此，在我国气垫船研发的过程中，始终坚持以理论研究与试验研究相结合，

离 散 度

离散度是指样本数据统计分析中用的一种方法，离散度反映着样本数据之间差别的大小。对同一类重复性试验的评价指标，离散度表征着多次试验之间的差异性。即离散度越大，同一类重复性试验的差别越大；离散度越小，重复性试验的差别越小。

用理论研究成果带动实船设计的改进，并且在基础理论方面取得重大突破，最终使我国气垫船在快速性、动稳性与耐波性上的技术水平达到了国际领先。

20世纪60年代末，在淀山湖开展首艘气垫船原理样艇的性能试验，结合垫升理论的研究，从刚性周边射流喷口发展到柔性"围裙"气垫。

20世纪70年代初开展了全垫升气垫船2号艇与3号侧壁式气垫船的性能试验，同时建立了专用的气垫技术实验室对气垫型式与"围裙"成型变形进行了深入的理论与试验研究，气垫型式也由周边射流理论向沿壁射流与增压定室理论发展，对应的"围裙"型式则从火腿型逐步发展为囊指型"围裙"。

结合2号艇对气垫船"拦路虎"——低头埋首的广泛试验，由此发展的"非平衡沿壁射流"理论解释了气垫船埋艏前艏部气垫压力变负的原理。该原理引起国际同行的关注，并应用于各种早期的气垫船上。

随着我国气垫船技术的发展，20世纪70年代开始与国外气垫船公司进行合作，引进了响应"围裙"的概念，并在气垫实验室开展了广泛的理论与试验研究，到20世纪80年代初在理论与试验上都开始有所突破，并成功解决了"响应'围裙'颤振"的这个动力学难题，受到外方技术总监的高度赞赏。

响应"围裙"在理论上有所突破后，又开展了不同响应的"围裙"型式在船模上广泛的水池试验，验证了响应"围裙"使气垫船获得了在波浪上优越的阻力和运动响应性能。

同期，马涛赴加拿大多伦多大学航空航天研究所（UTIAS）——当时的气垫基础理论研究中心——进行合作研究，结合国内科研人员的研究，提出了"响应'围裙'气弹与水弹动力学"系统的柔性"围裙"在水气作用下的气-固-液耦合动力学理论，为一系列"围裙"与性能设计软件的建立奠定基础。

该设计理论首次成功应用于1983—1989年研制的第二型气垫登陆试验艇的第一代响应"围裙"系统上，使该艇的流体动力性能达到当时国际先进水平。"围裙"技术1991年获中国船舶工业总公司科技进步一等奖。

在20世纪80年代，气垫船的推进螺旋桨从早期第一代航空空气螺旋桨发展到适合气垫船的第二代改进翼型导管空气螺旋桨，并成功应用于第二代气垫登陆试验艇上，使该型艇的推进效率获得显著提高。20世纪90年代，第一代小型气垫登陆艇是海军首次正式列装的气垫登陆艇，该型艇成功研制了第二代低阻响应"围裙"系统与第三代高升阻比新翼型导管螺旋桨，使该艇的性能获得飞跃，航速比母型船提高近50%，达到了20世纪90年代国际同类艇先进水平。

20世纪90年代，为了赶超外国舰载坦克气垫登陆艇技术而开展的一系列国防预研课题中，针对中型气垫登陆艇的

一系列关键技术展开了系统的理论与试验研究,包括高密度气垫技术、新型响应"围裙"系统以及高密度导管空气螺旋桨等。研究实现了响应"围裙"气-固-液耦合动力学的重大突破,并带动实船设计,在中型气垫登陆艇上成功研制了第三代新型响应"围裙"系统与第四代高密度导管空气螺旋桨,才使该艇的快速性、动稳性与耐波性等流体动力性能达到国际领先水平。

科研道路上的荆棘

气垫船试验遇险故事

　　艘气垫船的完成需要经过立项、论证、研发设计、建造、试验、交付使用等整个过程。由于每个阶段都是开创性的工作,充满未知和曲折,需各方为了一个目标团结协作、默默奉献。尤其是从样机建造到试验阶段更是危险重重、险情不断,需要大家凭着坚忍不拔的意志,甚至冒着生命危险来坚守这个阵地。

淀山湖试验遇险

　　早期"围裙"的航行稳定性还很不完善,在试验过程中险象环生。1966年5月1日,当试验艇以50~60千米/时的航速前行时,为避让前方帆船而蹬左舵,左转后又发现帆船后方有小船,不得不急蹬右舵,导致气垫艇右转90度,高速横向漂移,"围裙"缩进,产生大角度横倾。这时,一个大浪从艇左前方冲来,"嘭"的一声,艇就翻了。幸亏驾驶员冷静、机智,在水中用脚蹬开驾驶室门,与其他试验人员先后浮出水面,避免了一场人命事故。

　　但试航队没有被困难吓倒。所领导在现场亲自组织抢救,试航队同志一次次下水,连续战斗了6个多小时,终于将试验艇从水中吊起并翻转,使其正浮于水面。

> 图197　711-2艇登滩

此时，发动机与电气设备全部浸水达5小时。为尽快修复艇以恢复试验，经讨论，决定兵分四路寻求各方帮助。经过15天苦战，艇终于就地修复。

其实这次事故既是偶然的，但也不全是偶然的。在同一时期，某国SRN系列气垫船在几个月内接连发生了3次翻船事故。这一切都反映了在气垫船发展之初，整体性能不良，特别是"围裙"与艇的流体力学设计不完善，在驾驶操作上也缺乏经验的问题。淀山湖试验遇险是高新技术在发展过程中充满波折和挑战的生动案例，创新从来就不是一帆风顺的，成功时喝彩的背后是漫漫科研征途中科技人员长期奋斗、勇于战胜困难、克服挫折、再接再厉的精神品质。

金沙江锁滩遇险

重庆轮船公司来上海订购了侧壁式气垫船。为扩大影响，第七研究院决定在重庆召开现场表演会，会后气垫船沿金沙江长航试验。

金沙江水浅急流，有若干甲等滩，是航运的大碍，当时金沙江航运尚未开发，因为水流急、水浅，普通客船无法营运，利用气垫技术的目的即是为三线水运而服务。

> 图198　717艇

气垫船从重庆沿川江上游到宜宾,然后从宜宾经金沙江航到105千米外的新市镇,气垫船在金沙江上急驶,江水清澈,两岸崇山峻岭、苍鹰飞翔,从宜宾到新市镇上游航行,一切顺利。

当下午驶回宜宾时,意想不到的事发生了。艇航至锁滩,这是一个甲等滩,水流流速高达20千米/时,江的一边是浅滩,一边是悬崖,江中又有一个深达50米的洞口,因此造成江中巨大的旋涡。船长驾驶气垫艇飞驶到了这一甲等滩,也脸色发白,因为是有名的"鬼门关",经常发生灾难。曾有一船像"泰坦尼克"号一样使船直立而被吸入洞中,船上人员无一幸免。

艇向下驶去时,喷水舵效差,再加艇长为了避免驶入江中的大漩涡,只好紧贴悬崖而行,不料岸边有一大石体积巨大,艇高速行驶而无法避免只好紧急刹车,但已来不及了。幸好巨石一大半在水下,艇的一舷刚好搁在石上,艇横倾达20度,干舷仅10厘米左右,情况十分危急。当时船上共有13名科技人员,他们临危不乱,镇定地各自坚守岗位,尤其是轮机人员坚守在机舱岗位。

在搜救队的帮助下,他们于傍晚到达宜宾,重庆轮船公司党委书记等领导在码头迎接。

 **气垫登陆试验艇渤海遇险**

气垫登陆试验艇航速高,又有两栖性和登陆性,没有任何艇能与该艇同行,只能独自进行海上试航。为了安全起见,采用两段式试航方法:第一段从天津塘沽沿渤海航行到秦皇岛来回共240海里;第二段则从塘沽出发横渡渤海湾,经龙口、威海、石岛到达青岛,全程共800多海里。

> 图199 停泊在岸上的国产气垫登陆试验艇第二型

在这两段长航试验过程中，经历了许多令人难忘的时刻。

当艇在茫茫渤海上行驶时，参试人员发现主机排温较高，螺旋桨负荷大，航速慢、水花大，他们据此判断"围裙"出现了问题，决定就近上陆检修。艇在龙口的一个沙滩上强行登陆上岸，当时一个正在放羊的孩子看到这个从未见过的庞然大物突然从海上飞到陆上，大惊失色，牵羊而跑。试验人员因地制宜，马上在艇旁沙地上挖了个坑，钻入船底抢修"围裙"。

第二天当艇航行到威海附近时，参试人员发觉机舱排气管烧坏，必须立即上陆维修，好在艇已驶近威海登陆场附近。按规定登陆后主机转几分钟后才能停机，但此时情况危急，为保护试验艇，他们把个人安危置之度外，立即停机。停机后他们到机舱一看排气管已被烧穿，若此时艇顶上的油管稍有漏油，落到高温的排气管上，必定会起火爆燃导致艇毁人亡。艇在威海经过三天三夜的抢修，同时改善了排气系统，顺利驶向石岛与青岛。

气垫登陆试验艇以后又进行了多次试验，经过无数次考验，科技人员在实践中不断总结、改进，终于将我国海军第一艘气垫登陆艇研制出来。该艇在1982年荣获国防工办二等奖。

气垫船科研团队代表

我国气垫船的研制充满了艰难和曲折，众多科技工作者付出了艰辛的劳动。恽良、华怡、马涛是他们其中的代表。

恽良多年来一直致力于我国气垫技术和气垫船开发研究设计工作，是我国最早从事气垫船研制的开拓者之一。

20世纪50年代，刚迈出大学校门的恽良被分配到哈军工海军工程系，从事海军舰船教学科研工作。参加了气垫船研究课题和我国第一艘气垫船的研制。只用了半年多的时间，他们就制作出模型，并进行试验，在此基础上他们克服困难，于1959年在呼兰河试验成功。

随后，气垫船理论研究与试验在许多科研单位展开。科研人员解决了许多技术难题，研制了多型我国首创的全垫升和侧壁式气垫船。

恽良撰写了我国第一部气垫船方面的

> 图200 恽良与彭桂华在气垫登陆试验艇前合影

专著——《气垫船原理和设计》，在国内外期刊及会议上发表了40余篇技术论文，并多次在国际会议报告中做主题发言，在国际上享有较高的声誉。

他还将自己对气垫船和高性能船的理论研究，设计、制造、试验、试航所取得的经验进行总结，与国内外合作者们出版了多本英文专著。

我国气垫船女专家华怡把有限的生命全部投入研制气垫船的事业中，她参加了我国当时吨位最大的一艘全垫升气垫船的总体设计。在模型试验阶段，她又主动承担数据分析和撰写试验报告的任务。

1976年，我国先后设计出了4种型号气垫船试用艇。此时一位英国气垫船专家在参观了华怡所在的研究室后这样问道："你们的设计水平并不低，但为什么黄浦江上看不到你们自己的气垫船？"华怡被强烈地触动了。她深知气垫船的"围裙"是设计中的关键。

1979年，华怡与同事大胆设想、周密论证，在国内首次建立了"二元囊指'围裙'的静态成型计算方法"。这一方法接近国际水平，并具有重大的实用价值。接着，她又把它发展成了"三元'围裙'计算方法"，为攻克"围裙"设计奠定了基础。

海上试验是气垫船"围裙"设计中的重要一环。每次试验，华怡都争着去。同志们希望她去，因为她观察仔细、记录认

  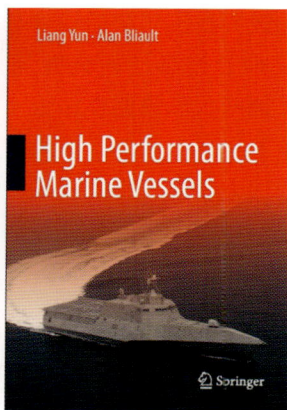

> 图201 恽良撰写的气垫船、地效翼船、高性能船专著

真,并能迅速拿出整理好的试验结果。但是同志们又不忍让她去,因为还处在试验阶段的气垫船在海上高速行驶,有时会出现险情,把测试人员摔得鼻青脸肿。况且华怡从小就晕车、晕船,在试航中只要遇到风浪就呕吐不止。尽管如此,每次出航华怡都坚持上艇。

一次,她吐得晕倒在大舱里,同志们把她扶进小舱,想让她躺一会儿,可当人们一转身,她又摇晃着身子出现在大舱里。她说:"我是设计人员,知道了船摇摆的难受滋味,就会更加努力地去改善适航性。"出航归来,她顾不得休息,又和大家一起检修"围裙"。烈日暴晒,小虫叮咬,她全然不顾,在用竹竿撑起的"围裙"里面,半躺着身子观察和记录。大家劝她休息,她说:"我是研究'围裙'性能的,不了解'围裙'在使用中的损坏情况,怎么能设计好'围裙'呢?"

华怡主持完成的《气垫船静水阻力估算方法》,经全国船舶标准化技术委员会批准,成为我国气垫船设计普遍采用的指导性文件;她参与研究并与他人合作完成的《侧壁式气垫船在波浪上运动的非线性理论》和《气垫船耐波性理论》两篇论文,为建立我国气垫船的耐波性理论打下了基础;主编的《气垫船模适航性试验方法》,对气垫船适航性的研究起到了重要作用。

马涛20世纪60年代就投身气垫船研究,1985年在美国洛克维尔的国际气垫技术会议上,他代表国内的几位科研人员宣读了有关"围裙"性能的三篇论文,受到各国学者的好评。英国气垫船公司的总工程师在讨论时发言:"想不到在'围裙'性能研究方面,中国同行已经走在前头。"

会上,各国学者决定合著一书反映气垫船技术,这本名为《气垫船技术、经济和应用》的书于1989年12月出版发行。马涛因在"围裙"气弹和水弹动力学理论上的贡献,承担有关"围裙"性能的章节。国外一教授认为:"马涛等在该领域的进一步发展,不仅对于'围裙'性能的理解,而且对于'围裙'设计的改进都做出了贡献。"从此,国际上对"围裙"特性的研究中心由加拿大多伦多大学转移到中国船舶及海洋工程设计研究院。

马涛研究员作为总设计师主持了小型舰载气垫登陆艇的研制,该艇应用第二代响应"围裙"与第三代新翼型导管空气螺旋桨,流体动力性能获得飞跃。

在第二代气垫登陆艇的研制中,他与研发设计团队不畏艰辛,冒着被艇艉导管桨强大气流吹倒的危险,反复进行调试和试验,突破了总体性能、船体平台、综合设计技术、主要系统及设备四大类20多项关键技术,为实现气垫艇高海况进出母舰坞舱并越出阻力峰的超高指标要求做出贡献。他还通过独创的气垫参数与推进垫升功率综合优化方法,以及建立的试验相似准则,结合在国际上首创的"响应'围裙'气弹和水弹动力学理论",对总体气垫参数及"围裙"组合型式与剖面型线进行综合优化。

在研制过程中，马涛由于工作繁重，两次生病住院，但仍坚持工作。通过他的精心研究，最终解决了高密度艇高响应度"围裙"等设计难题，经过实船验证，该型艇总体性能达到国际先进水平，其中阻力、动稳性、耐波性及航行安全性等核心技术居同类艇国际领先水平，获得专利多项，相关系统及科研课题获得国防科学技术进步奖，设计团队荣获2015年中国船舶工业集团科技进步特等奖。

该艇交付使用后，圆满完成随船坞登陆舰亚丁湾护航、两栖作战演习等一系列重要任务。

> 图202 马涛总设计师

第 7 章
国外主要国家的气垫船

近20年来，国外研制和开发的中大型重载气垫船都获得了成功应用。这首先是气垫船具有全天候应用的优势，可以在那些浅水急流、沼泽地带、浅海沙滩以及冰雪冻土地带行驶，特别是在环境苛刻的水路、陆路行驶，显示出了普通船只不可比拟的优势。

英国、美国、俄罗斯、法国、日本等国家都成功研制出一系列气垫船，这些气垫船各有各的设计特点，可谓"八仙过海，各显神通"。

英国气垫船

英国是世界上最早研究气垫船技术的国家之一，对气垫技术做出了许多贡献。其中用于气垫船的"围裙"就是英国开发的，"围裙"的研究和使用是气垫船走向实用的一个重要突破。

BH-7型全垫升气垫船

20世纪60年代初，英国海军就组建了气垫船试验分队，对不同类型的气垫船进行系列的作战环境试验，如用于猎扫雷、两栖登陆、发射导弹、反潜等，并从中选出合适的艇型。

1970年，英国气垫船公司为英国皇家

> 图203 SRN1型气垫船

> 图204 BH-7型全垫升气垫船

> 图205　BH-7型全垫升气垫船的登陆与退滩

海军设计建造了军用型BH-7型全垫升气垫船。BH-7型全垫升气垫船为铆接式铝合金船体结构，总长23.9米，宽13.8米，最大重量56吨，载重18.3吨；采用劳斯莱斯燃气轮机，用于驱动一台直径3.5米的12叶离心式垫升风机和一台直径为5.79米的4叶调距螺旋桨，推进功率3 169千瓦，最大航速58节。

BH-7型全垫升气垫船在后期派生出MK2、MK4、MK5等多种改进型，用于试验、后勤支援、导弹攻击等，并出口到伊朗。

> 图206　BH-7型全垫升气垫船

SRN4型全垫升气垫船

1968年,英国气垫船公司设计了首艘能横渡英吉利海峡的大型车客气垫渡船SRN4型,该船总重180吨。

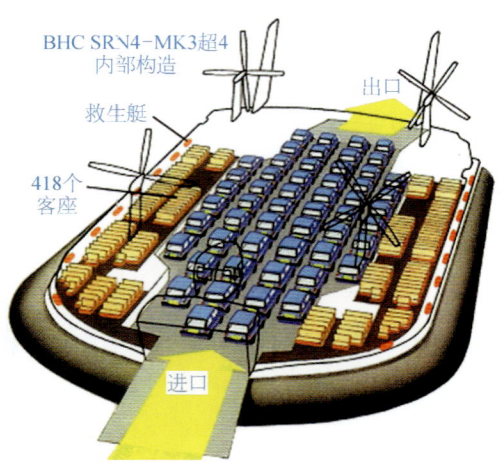

> 图208 英国SRN4-MK型大型车客气垫渡船

> 图207 SRN4型穿越伦敦塔桥

SRN4型气垫船左右两舷首尾各设置一套可旋转桨塔结构(共4套),采用全新的船体与气垫构型,艉部设4台燃气轮机作为主动力,设有高置的长轴系(位于客舱顶棚)驱动舷部的螺旋桨与垫升风机。

SRN4型在1968年和1969年期间先后投入运行了MK1型和其改进型——MK2型。其中,每艘MK1型能运载254名乘客和32辆轿车;每艘MK2型能运载284名

> 图209 SRN4-MK3和MK1型气垫船(左上角及中间为MK-3型,右下角深色者为MK-1型)

第7章 国外主要国家的气垫船

> 图210 英国SRN4-MK3型大型车客气垫渡船

乘客和37辆轿车。从1976年起，随着英吉利海峡的客运量增大，业主考虑进一步增加船的运载能力，于是当今世界上最大的全垫升气垫车客渡船SRN4-MK3型诞生了。

SRN4-MK3型总重325吨，长56.4米，宽23.2米，载重112吨，可搭载旅客424人、汽车60辆；最大航速65节，经济航速50节，适航性为浪高2.5米、风6级。

该船具有较好的安全性和维修性，它是SRN4型中较成熟的一型气垫船。自投入营运以来，深受用户欢迎，目前已生产6艘，用于各条航线上。

 API-88型车客气垫渡船

API-88型车客气垫渡船是英国气垫船公司于20世纪80年代建造的多用途全垫升气垫船。它也是军民通用气垫船型，既可用于航运交通援救，也可用于警戒巡逻、缉私、后勤支援和水雷战。其中API-88/100型是一型旅客交通艇。

API-88/100型艇最大重量40.8吨，总长24.4米，宽11米，有效载荷11.3吨，载客101人；采用道依茨BF12L413FC型柴油机作为推进装置，总功率734千瓦，垫升动力由2

> 图211　航行中的API-88/100型气垫船

> 图212　API-88/100型气垫船冲滩

台BF10L413F柴油机提供，功率为556千瓦。

API-88/100型艇首批2艘"坚韧"号和"坚定"号已于1983年交付给航运公司用于英国Wight岛的Rdye至朴次茅斯的Southsea航线上。1985年又增加1艘"坚持"号。丹麦A/SDSΦ公司在1984年和1988年分别订购3艘，用于丹麦哥本哈根至瑞典马尔默航线。1991年，英国北部航运公司也购买1艘，用于俄罗斯白海水域航运，该艇载客为68人。

美国气垫船

美国气垫船起步虽然较晚，但发展较快，尤其是LCAC气垫登陆艇较为著名。

LCAC气垫登陆艇

LCAC气垫登陆艇是美国海军陆战队进行登陆作战的利器，它不仅帮助美军实现了"人不沾水"的登陆，还能配合垂直登陆的直升机进行多兵种协同作战。不仅现在，而且在未来较长的一段时间内，LCAC气垫登陆艇依然会是美国海军及海军陆战队的必备装备。LCAC气垫登陆艇与EFV两栖战车、VT-22鱼鹰倾转翼飞机一并成为美国登陆作战的"三驾马车"。

LCAC气垫登陆艇于1982年开始建造，1984年首艇交付使用。美国海军采购

> 图213 美国JEFF-A型气垫登陆实验艇

> 图214 美国JEFF-B型气垫登陆实验艇

> 图215 美国LCAC气垫登陆艇携坦克沿岸边浅水航行

> 图216 美国LCAC气垫登陆艇高海况航行

> 图217 LCAC气垫登陆艇高速航行

第7章 国外主要国家的气垫船　143

> 图218　LCAC气垫登陆艇登滩

> 图219　美国登陆作战的"三驾马车"

> 图220 LCAC气垫登陆艇首制艇携载主战坦克航行

91艘，用于登陆作战，其中8艘用作反水雷战艇。

LCAC气垫登陆艇长26.8米，宽14.3米，标准排水量87.2吨；采用4台TF40B燃气轮机，总功率为12 000马力，航速50节，最大航程480海里/35节，跨越高度1.2米。该艇可搭载24名海军陆战队士兵和60～75吨物资或1辆M1A1主战坦克，并装有2挺12.7毫米机枪。

LCAC气垫登陆艇曾在1991年海湾战争中大放异彩，之后又参加了1991年波斯湾沙漠风暴、索马里及孟加拉湾救灾、

> 图221 LCAC气垫登陆艇装载不同装备航行

> 图222　LCAC气垫登陆艇卸载

> 图223　LCAC气垫登陆艇分别处于垫升与着陆状态

气垫船

> 图224　美国陆军装备的LACV-30气垫运输船

2003年伊拉克战争、2005年卡特莉娜飓风救灾、2006年贝鲁特撤侨行动、2010年海地大地震救助等，使用十分成功，被誉为现代登陆艇中的佼佼者，因而被欧洲及其盟国广泛采用。

 **522A海岸气垫警卫艇**

522A海岸气垫警卫艇是美国海岸警卫队的一员，主要用于反走私和缉毒，曾在墨西哥海湾和加勒比海多次成功截获贩毒走私船。

522A海岸气垫警卫艇为双体侧壁式气垫船，总长33.5米，宽11.9米，满载排水量152吨，排水状态吃水2.5米，垫升吃水1.5米，船体结构采用5086铝合金；推进动力采用2台DDA16V-149TIB柴油机，总功率3 600千瓦，最大航速30节。垫升动力采用2台8V-92N柴油机，功率260千瓦。

> 图225　522A海岸气垫警卫艇

SES200 "猎人" 侧壁式气垫巡逻艇

在SES200侧壁式气垫艇诞生之前，美国通用喷气公司和美国贝尔公司分别设计了SES100A侧壁式气垫艇和SES100B侧壁式气垫艇，均作为军用试验艇。SES100A侧壁式气垫艇长25米，宽11.6米，总重约105吨，最大航速76节。SES100B侧壁式气垫艇长23.8米，宽10.7米，总重约105吨，最大航速90.3节。

SES200 "猎人" 侧壁式气垫巡逻艇

> 图226　SES100A侧壁式气垫艇

> 图227 SES100B 侧壁式气垫艇

是美国贝尔豪特公司为美国海岸警卫队建造的试验艇，当时命名为"旗鱼"号（WSES-1），1979年2月服役，经过3年试验后于1981年12月交付海军使用。之后，美国海岸警卫队又订购了3艘SES200艇，分别命名为"海鹰"号、"希尔沃特"号和"海燕"号，并于1982—1983年相继服役，用于加勒比海截击毒品走私船。

SES200侧壁式气垫巡逻艇总重243吨，采用MTU柴油机和喷水推进装置，航速可达46节，载重量达到60吨。

> 图228 SES200 "猎人"侧壁式气垫巡逻艇

第7章 国外主要国家的气垫船

SSC气垫登陆艇

美国海军对此种具有运载重型装备实现高速登陆功能的艇甚为重视,提出LCAC气垫登陆艇升级换代品SSC气垫登陆艇的研制。随着未来美国海军陆战队地面战斗单元、海上远征旅车辆与装备的体积增大且重量增加2倍多,对SSC气垫登陆艇的使用要求也将相应提高。

> 图229 美国SSC气垫登陆艇首制艇进行海试

> 图230 美国SSC气垫登陆艇登陆效果图

可变型船

在新型气垫船研发方面,美国提出的可变型船(T-Craft)具有较大代表性。该船型融合了双体船、侧壁式气垫船、全垫升气垫船三种船型的优点,并可在这三种船型之间自由转换。

可变型船是可在多种模式之间进行转换的特种气垫船,融合了多种船型的功能优势,其载重量、航速、航程、高海况性能等方面的功能远超现役的侧壁式气垫船和全垫升气垫船等,同时具备两栖抵滩能力。

可变型船的运行能在多种模式推进系统间进行转换:长距省油公海行进模式、

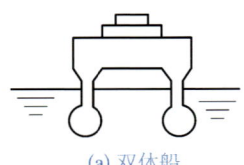
(a) 双体船

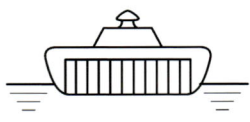
(b) 侧壁式气垫船

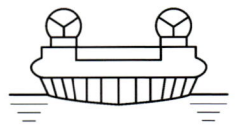
(c) 全垫升气垫船

> 图231　双体船、侧壁式气垫船、全垫升气垫船的吃水状态

双体船概念
每一个大长宽比L/B的侧体提供良好的推进效率及运动响应

全垫升气垫船概念
气垫与"围裙"系统保证了两栖性能

可变型船

侧壁式气垫船概念
气垫减少了船体湿水面积,具有良好高速推进效率与运动控制

> 图232　可变型船技术融合示意图

高速行进模式和两栖推进模式。它既可以从中途支援基地按空载状态自行驶抵"海上基地"（范围在 2 500 海里以内），其后也可以作为一个"海上基地"的连接船来使用，运送轮式和履带战车经由涌浪区直接上到海滩。

苏联/俄罗斯气垫船

苏联/俄罗斯在气垫船的发展中开发了很多型号，有 350 吨级的 Aist、150 吨级的 Murena 和 500 吨级的 ZUBR。其中 Murena 和 ZUBR 目前仍在服役中，用于运送作战装备。

Aist 型气垫登陆艇

Aist 型气垫登陆艇全长 47.3 米，满载排水量为 250 吨，最大航速近 70 节。目前

> 图 233 俄罗斯 Aist 型气垫登陆艇登陆

> 图234 Aist型气垫登陆艇关停垫升风机准备着陆

> 图235 俄罗斯Aist型气垫登陆艇准备放跳板

第7章 国外主要国家的气垫船

> 图236 Murena型气垫登陆艇登陆

有约20艘Aist型气垫登陆艇仍在黑海和波罗的海舰队服役。

 Murena型气垫登陆艇

Murena型气垫登陆艇长32米，宽15米，满载排水量为150吨，最大航速55节，艇员为12人。Murena型气垫登陆艇从1985年开始投入使用，有8艘在俄罗斯海军服役。

根据不同作战任务要求，Murena型气垫登陆艇可一次运输1辆重50吨的中型坦

> 图237 Murena型气垫登陆艇水上浮态低速航渡

> 图238 Murena型气垫登陆艇水上近岸

> 图239 韩国引进的出口型Murena E型气垫登陆艇

克，或者2辆装甲运兵车，或者140名全副武装的士兵，配备1门30毫米AK630自动火炮，还可以使用"针"式便携式防空导弹。

 ZUBR型气垫登陆艇

俄罗斯ZUBR型气垫登陆艇为目前世界上最大的军用气垫船。

通过多年的对气垫登陆艇设计、制造和试航经验的积累，1986年俄罗斯阿玛兹舰船设计中心研制出新一代ZUBR型气垫登陆艇。ZUBR型气垫登陆艇长57.3米，宽25.6米，排水量550吨。

ZUBR型气垫登陆艇主动力装置由5台燃气轮机组成，其中2台作为垫升风机

> 图240 ZUBR型气垫登陆艇编队高速航行

> 图241 ZUBR型气垫登陆艇近岸航行

> 图242 ZUBR型气垫登陆艇低速航行准备使用武器

> 图243 ZUBR型气垫登陆艇低速编队航行

> 图244 高速航行中的ZUBR型气垫登陆艇

> 图245 ZUBR型气垫登陆艇登滩

> 图246 ZUBR型气垫登陆艇准备登滩

> 图247 ZUBR型气垫登陆艇冲滩与退滩

的动力,另外3台直接驱动3个导管式空气螺旋桨推进器。最大航速63节,自持力120小时。

ZUBR型气垫登陆艇装备2门30毫米AK630自动火炮,可搭载3辆主战坦克或10艘中小型运输艇,还携带有4枚便携式"箭-3"防空导弹。该艇主要用于沿海地区快速登陆作战。此外,该艇

> 图248　作战人员冲下ZUBR型气垫登陆艇

> 图249　ZUBR型气垫登陆艇登滩释放战斗人员

> 图250　作战装备驶出ZUBR型气垫登陆艇

> 图251　"北约"步战车驶下希腊ZUBR型气垫登陆艇

> 图252　俄罗斯ZUBR型气垫登陆艇登滩

> 图253　俄罗斯ZUBR型气垫登陆艇登滩演习

> 图254 ZUBR型气垫登陆艇登陆与卸载

> 图255 巴尔古津侧壁式气垫船

甲板上还安有布雷导轨，可以实施战时布雷。

ZUBR型气垫登陆艇是体现俄罗斯运载工具粗犷风格的杰作，由于运载能力强大，可达到150吨，几乎所有俄罗斯海军陆战队的装备都可以轻易搭载。只需少量的ZUBR型气垫登陆艇，就可以在同一登陆点集结强大的兵力，对敌军岸防造成重大威胁，可以说ZUBR型气垫登陆艇引起了人们广泛关注。该艇不仅装备了俄罗斯、乌克兰海军，还出口到了希腊等国。

 **巴尔古津侧壁式气垫船**

巴尔古津气垫船是俄罗斯三角旗船舶公司于1991年建成的双体侧壁式气垫客船。该船的适航性较好，主要用于内河、湖泊、水库等水域客运和游览观光。

巴尔古津气垫船长32.4米，宽6.4米，满载排水量71.4吨；采用2台M401A-1柴油机用于推进、垫升动力，总功率1 470千瓦；最大航速50节，自持力8小时，载客量130位，载货量213吨。

法国气垫船

法国在20世纪60年代着手气垫技术研究，1962年贝尔坦公司建成首艘BC-4型全垫升气垫船，1963年建成BC-6型全垫升气垫船，此后又建成BC-7型全

> 图256　N300型全垫升气垫船

垫升气垫船，航速可达10千米/时。

为了开发能够海上使用的气垫船，法国在1965年成立了海上气垫船研究和发展公司，该公司由贝尔坦公司、大西洋造船公司和大西洋海运总公司组成。

该公司在1967年12月建成了N300型全垫升气垫船。该船动力系统由2台Turbomeca Turmo N3燃气轮机组成，垫升系统由4台直径为1.9米的11叶轴流式垫升风机组成，而推进系统由2台直径为3.6米的3叶变距空气螺旋桨组成。该船总重27吨，最大速度62节。

10年后，该公司继而设计建造了能载重246人和36辆小汽车（载重达85吨）的N500型全垫升气垫船。在外形方面，N500型全垫升气垫船在长、宽、高三个维度上均是N300型的2倍以上，总重260吨。垫升系统由2台TF-40船用燃气轮机分别带载2台直径4米的13叶轴流式垫升风机，推进系统由3台TF-40船用燃气轮机分别驱动3台直径6.3米的4叶变距空气螺旋桨。最大航速达75节，最大耐波高

> 图257　N50C型全垫升气垫船

> 图258 NES-200型侧壁式气垫艇

度达4米。

法国海军于1988年向诺曼底船厂订购1艘试验型气垫艇NES-200型侧壁式气垫艇，后又改为Agne3-200型。该艇长51米，宽13米，满载排水量250吨。推进系统采用2台MTU16V538TB93柴油机，总功率5 966千瓦，驱动2台喷水推进装置；垫升系统采用2台MTU396TB83柴油机，总功率1 492千瓦，驱动垫升风机。航速大于40节。艇体材料为铝质。直升机升降平台为200平方米，可搭载1台海豚直升机，艇员50名。

其他国家气垫船

日本

日本三井造船公司从20世纪60年代末就致力于气垫船技术的研究和制造。

三井造船公司于1968年开始投产和建造PP5型全垫升气垫艇，用作快速客艇。该艇总重14吨，长16米，宽8.6米；动力

> 图259　PP5型全垫升气垫船

装置采用1台持续功率为1 050马力的燃气轮机，最大航速55节。该艇载客量为50人。

三井造船公司于1972年继而建造了PP15型全垫升气垫艇，同样为快速客艇。该艇总重50吨，长26.4米，宽13.9米；动力装置采用2台持续功率为2 250马力的燃气轮机，最大航速65节；能够承载旅客155人、船员5人。

三井造船公司于20世纪80年代建造了MVPP10型，主尺度垫态（长×宽）23.1米×11.0米，平均气垫高度1.2米。主动力方面2台柴油机用于垫升，另2台用于推进，单台功率441千瓦，采用可变距

> 图260　PP15型全垫升气垫船

> 图261　MVPP10型快速客艇

导管空气螺旋桨、离心式垫升风机，满载排水量40吨。静水航速52节，载重量9吨，载客105人。

 德国

德国不来梅船厂于1989年建造了1艘名为"海盗"的双体侧壁式气垫船，作为德国海军的试验艇。它成为建造各型军用气垫船的基础，如水雷战艇、巡逻艇、快

> 图262　"海盗"号双体侧壁式气垫船

速攻击艇和反潜战艇等。

该艇长36米，宽13米，排水量185吨，最大航速52节，有效载荷35吨。艇体材料采用玻璃钢是该艇的一大亮点。

瑞典

瑞典海军热衷于隐身舰艇的开发，在20世纪80年代末着手"Smyge"（瑞典语"隐身"的意思）号试验艇的研究，选取双体侧壁式气垫船型，试验结果良好。

"Smyge"号双体侧壁式气垫艇由瑞典卡尔期克鲁船厂建造，总重140吨，长30.4米，宽11.4米，最大航速40节，艇员14人。

采用隐身设计是该艇的一大亮点。主要隐身措施如下：

（1）艇体材料采用玻璃钢纤维和凯芙拉增强材料的夹层结构，降低船体磁性特征。

（2）艇体和上层结构均采用反雷达波设计，并覆有降低雷达波的涂层。

（3）舱面武器系统皆采取隐蔽措施，不易被发现。

（4）采用可旋转的喷水推进装置，取代螺旋桨和舵装置，消除机械噪声和空泡现象，降低水噪声信号。

（5）主机排气口盖板采用红外抑制

> 图263 "Smyge"号双体侧壁式气垫艇

措施。

挪威

挪威海军M340奥索依级反水雷艇采用双体侧壁式气垫船型,由巴特谢尔维斯船厂建造,首艇于1992年建成服役。

M340奥索依级反水雷艇总长55.2米,宽13.3米,满载排水量370吨,航速20节,猎雷航速5节,扫雷航速12节。

该艇艇体采用高强度复合材料,具有较低磁场特性,适用于反水雷作业。

> 图264 M340奥索依级反水雷艇

荷兰

荷兰皇家Schdlde船舶公司自1986年开始开发军用、民用侧壁式气垫船,进行了Seaswift系列侧壁式气垫艇的研制,其中有Seaswift23型客渡船、Seaswift60型车客渡船。

Seaswift60型是荷兰最大的车客渡双体侧壁式气垫船,总长59.5米,宽17.5米,最大航速45节,可搭载434名旅客和62辆汽车。

> 图265 Seaswift60型车客渡船

芬兰

芬兰海军20世纪90年代制定Squadron 2000工程,计划建造4艘T-2000型(Tuuli class)高速隐形气垫巡逻艇。2001年秋建成下水,2002年2月开始陆上试验,6月交付芬兰海军评估运行性能与军事应用能

> 图266 芬兰T-2000型气垫巡逻艇高速航行

力，首制艇编号为 Tuuli 10。

T-2000 型气垫巡逻艇设计用于岛屿间的快速巡逻，航速高、抗侧风能力强、操纵性良好、隐身性能好。实船测试在静水试航中，航速超过 70 节。

加拿大

加拿大贝尔公司制造了总重 35 吨级的"船夫"号，作为北极地区军用物资的运输工具。后在此基础上发展为美国陆军所用的 LACV-30 型气垫运输船。

> 图 267 "船夫"号气垫船

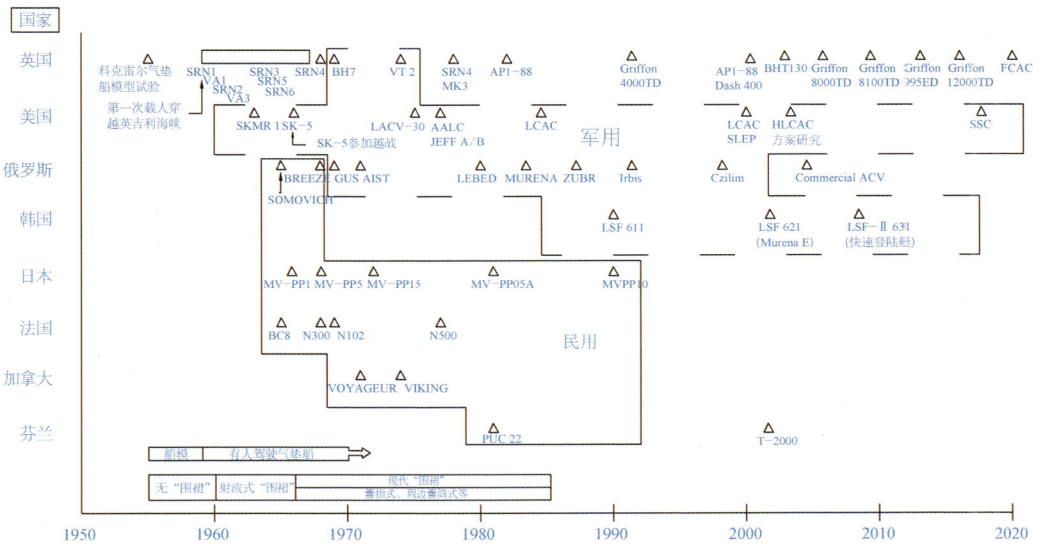

> 图 268 国外主要气垫船的研发汇总

第 8 章
气垫船的未来发展

从第一艘气垫船问世以来，气垫船的研发和应用已经取得了长足的进步。气垫船不仅用于物资运输、两栖登陆，还发展到了海上反水雷、反潜战，特别是气垫登陆艇可实施"人不沾水"式快速超越登陆作战，开拓了现代登陆作战的新模式，在历次实战中表现出了很强的作战效能。

　　为适应未来立体登陆作战的客观需求，气垫船将在推进、防护、武器、信息系统，以及两栖作战和远程机动作战能力等方面有更大的突破。此外，气垫船也必将在复合材料应用技术和无人驾驶两个领域有所拓展。

推进系统

　　气垫船主要使用空气或水螺旋桨推进，存在着噪声大、使用寿命短、目标特征明显、隐蔽性差等缺陷，机动能力也不是很理想。为此，未来气垫船将考虑采用更先进的动力系统推动，提高其两栖机动性能，以更好地适应未来应用需要，充分发挥气垫船的固有优势。

　　目前在改进气垫船动力性能的备选推进技术中，比较被看好的是综合全电力推进系统技术。随着它的日趋成熟，这种推进技术可能成为美国、英国、法国、德国等先进国家海军新一代气垫船的主要推进方式。

　　当然，如果超导磁流体推进技术在实用方面取得重大突破，则超导磁流体技术必将在未来的气垫船上得到应用，使得气垫船既不需要发动机，也不需要螺旋桨，能有效消除噪声、降低红外辐射，从而在大大提高其快速机动能力的同时，大大增强其隐蔽性，提高生存能力和突防能力。

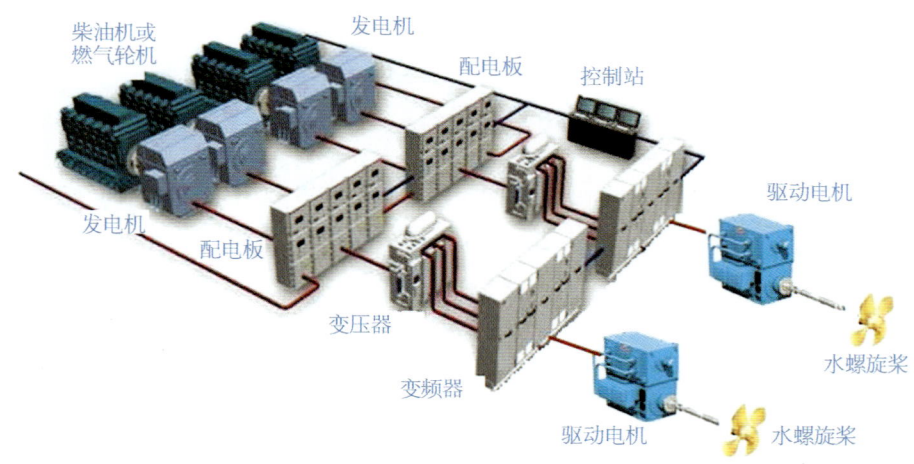

> 图269　电力推进系统

第8章 气垫船的未来发展

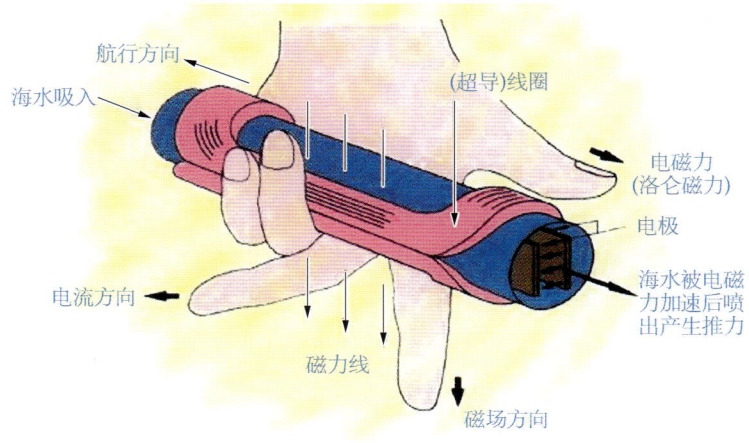

> 图270 超导磁流体推进技术原理示意图

防护系统

为增强气垫船的隐身突防能力，降低被发现概率，提高生存能力，未来气垫船将大量采用隐身技术，使用隐形材料，增强战斗的突然性。

随着隐身技术的日趋成熟，21世纪初的新一代气垫船将努力实现全面隐身。通过综合运用各种隐身技术，将舰艇的雷达、红外、声、光、电磁等物理信号特征控制到最低限度。所有的武器、探测设备和通信设备都将采用升降形式布置于舰体内。

这将使气垫船作战中显示出较高的作战价值。进攻一方可利用气垫船机动灵活、隐身突防能力强的特点，诱敌作战舰船离开攻方主力登陆舰队，主动与敌导弹艇做斗争，追歼敌小型偷袭船只；利用反潜气垫船上装有的探测设备、攻潜武器，并与反潜直升机密切配合，用于指定海区和防潜海区搜索并消灭敌潜艇，为登陆舰艇编队、护航担任反潜警戒等。

> 图271 隐身技术

武器系统

目前气垫船总体装备的武器单一、数量少、性能差,因而防打能力和两栖作战能力都受到一定的制约。未来气垫船将配备多种先进武器装备,提高火力打击、电子对抗和侦察破障能力。船上将装备精度更高、反应更快、储弹量更大、威力更强的对空、对舰、对岸和反潜等通用化、模块化的武器装备系统。火炮的射速、密度和弹头威力等也会进一步增强,"三防"和抗冲击能力将进一步得到提高。

为提高气垫船的侦察破障和反潜能力,目前世界军事强国尤其是美军正在研究将气垫登陆艇用于水雷战的改装,也就是将气垫登陆艇改装成多用途登陆艇,在艇上配置一体化反水雷系统,系统中有SM-2000水下激光行扫仪、反水雷传感器、显示器处理系统,以及破障作业遥控设备等,使其能在各种恶劣条件下识别水雷和其他障碍。

信息系统

气垫船是未来海战中一个轻便、快速、机动打击平台,只有将其充分融合到一个庞大的信息作战网中,才具有更大的生存和发展潜力。因此未来气垫船将考虑以先进的数字化指挥控制系统为手段,以提高其自动化管理水平和信息攻防能力。

随着多功能相控阵雷达、高性能声呐,以及舰载雷达组网、探测系统一体化等先进技术的发展和应用,21世纪的气垫船将普遍装备全舰综合平台自动化管理系统,采用局域网使机械控制、损害管制系统和作战系统构成一个大系统,达到功能互补。

近年来,美海军提出了"网络中心战"的思想,即利用强大的计算机网络,将分布在广阔区域内的各种探测装置、指挥中心和各种武器合成为一个统一高效的

> 图272 气垫船发射反舰导弹

第8章 气垫船的未来发展

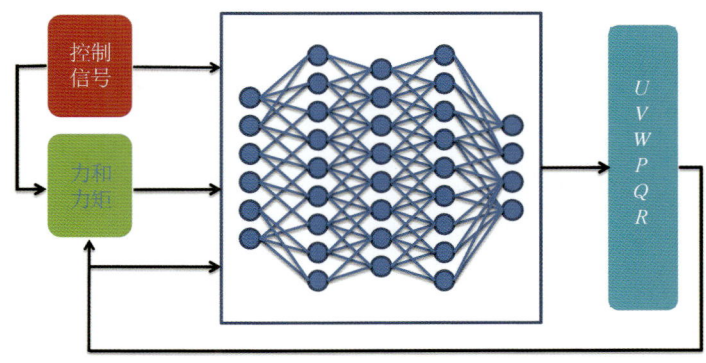

> 图273 循环神经网络实现未来气垫船的运动仿真网络模型

大系统，实现战场态势和武器的共享。利用"网络中心战"可以克服气垫船自身探测能力不足的弱点，更好地发挥其隐蔽、高速、突击威力大的优势。

 **两栖作战及远程奔袭能力**

未来气垫船将以"大型、高速、经济、实用"为发展方向，提高气垫船的机动、突击、输送和远程作战能力。

随着气垫技术的飞速发展，21世纪将有望出现能够腾空急驰的气垫式航母。这种航母采用与气垫船相同的原理，专门装备一种能够产生巨大升力以举起航母的风扇。它既能使航母腾离海面一定高度航行，又可在陆地行驶，而且无须像车辆那样靠

新一代气垫导弹护卫舰

俄罗斯新一代暴风级气垫导弹护卫舰上将装有8枚超声速反舰导弹，舰艇能在35秒时间内同时发射8枚导弹，能依靠本舰的设备攻击22海里远的目标。舰上装备的可升降的舰空导弹发射装置，配有20枚9M33M舰空导弹，主要用于对付1.5～10千米内低空飞行和海上目标。

舰上还广泛增添无线电通信设备、通用导航雷达、电子对抗战、PK-16诱饵撒布系统等模块化电子设备，以提高其电子对抗能力。

> 图274 美国大型侧壁式气垫扫雷艇概念图

轮子与地面接触，航速可超过100节甚至更快。总之，它不受地域、海域限制，是一种能自由迁移的"海上浮动机场"。

未来可利用8 000～10 000吨级的大型气垫船航速高、甲板宽敞、适航性极好的特点，将其作为飞机母舰，搭载垂直起降飞机10架或直升机20架左右，能在21分钟内起飞12架飞机，在15～16分钟内使这些飞机安全返回母舰而不需要借助弹射器即可起飞，不需要阻拦装置就能着舰，这将对夺取制空权和制海权具有一定的作用。

由于气垫技术的发展，今后还有望出现突击能力更强和输送能力更大的新型船

> 图275 气垫式航母概念图

第8章 气垫船的未来发展

艇，如两栖装甲气垫车艇，既有气垫，又有车轮，既有攻击力，又有装甲防护。

预计21世纪的大型气垫战舰将能够装载大量的燃油，在50节航速下续航力预计可达9 000海里以上，必将成为攻方跨洋越海打击敌方纵深目标的理想平台，大吨位的排水量保证气垫战舰能大量装载武器，单舰或小规模编队便具备强大的攻舰、防空、反导、驱潜及对岸火力支援的能力，是21世纪全维海战进攻力量的先锋和利剑。

21世纪一艘大小像现代级驱逐舰的8 000吨级气垫战舰，其航速可达50节，10小时内能远程奔袭500海里，续航能力为6昼夜。对敌来说，可谓是"神兵天降"。

 **未来气垫船的复合材料应用**

气垫船在航行过程中水花飞溅大，船上系统设备工作环境条件恶劣，且气垫船在进出母舰坞舱时舱内温度高，因此在未来气垫船上将会考虑大量采用复合材料，如导管、桨叶、风机蜗壳、叶片、传动轴系、跳板等，以提高使用寿命并减轻重量。

 **无人驾驶化**

可以预见的是，集自动控制、人工智能、视觉计算等技术于一体，借助于

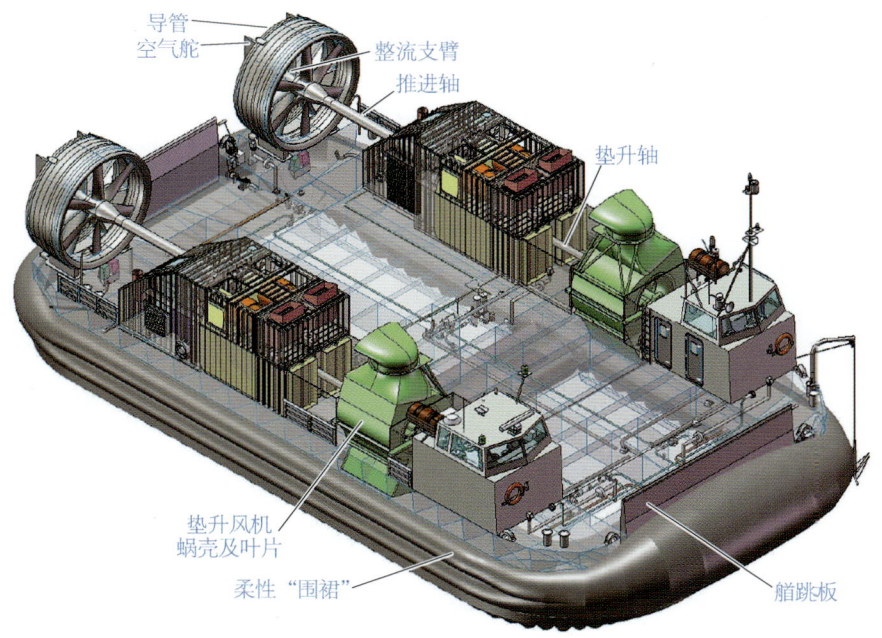

> 图276 在未来气垫船上大量采用复合材料

现代深度学习神经网络技术与大数据，再加上自航模试验的不断修正和优化，气垫船的无人驾驶化指日可待。那时将进一步发挥气垫船的两栖、隐蔽、高速等特点，实现侦察、攻击、搜救等。甚至在未来实现批量化建造，实现类似于小型无人机几十架、上百架的集群操控使用。

美国在SSC气垫登陆艇研制过程中于2009年将基于JEFF-B型的遥控自航模进行了改造，船模重1 650磅，采用2台Rotax 477二冲程引擎作为动力，在螺旋桨转速3 600转/分、螺距角达到30度时，可产生推力140磅，最大航速18.6节，换算到SSC气垫登陆艇实艇对应航速46节，并研究采用RNN神经网络来实现船自动驾控。

美国CDI公司在芬兰T-2000型自航模上，采用高功率密度电池驱动2台24 V直流无刷电机，带动2台垫升风机为"围裙"气垫系统提供高压垫升气流，电池每次充满电可用30分钟，由28 V直流风扇提供13.5磅的推力，该技术来源于无线遥控电池驱动的飞机航模，也展示了T-2000自航模的良好可控性。

随着技术日臻成熟，气垫船正向着大型化、高航速、长航程、全天候、多用途、低成本的方向发展。同时，气垫船发展还将向提高稳性、操纵性、舒适性，减少维护保养工作量等方面努力。未来，气垫船作为新型高速舰船中的劲旅，有望在军事及民用领域大显身手。

> 图277　在自航模上对SSC气垫登陆艇进行性能试验

> 图278　T-2000型气垫船自航模的垫升风机驱动、螺旋桨驱动及整体静垫升状态

参考文献

1. 恽良. 气垫船原理与设计. 北京：国防工业出版社，1990.
2. 马涛，邬成杰. 气垫船总体性能与围裙气垫系统流体动力设计. 北京：国防工业出版社，2012.
3. Yun L, Bliault A. Theory and Design of Air Cushion Craft. Arnold, 2000.
4. 恽良. 魂牵梦萦五十余载——我的气垫船（和高性能船）的研究生涯回忆录. 哈尔滨：哈尔滨工程大学出版社，2015.
5. 马涛，Sullivan P A. Chapter 13 Dynamics of Responsive Skirts //Hovercraft Technology, Economics and Applications. Elsevier Science Publishers, 1989.
6. 仰泳，张宗科. 高密度中低速全垫升气垫船越峰问题的探讨与实践. 船舶，2014，25（2）：15-21.
7. 马涛，周伟麟，顾雄. Theoretical and Experimental Investigations of Non-Equilibrium Jet of Air Cushion Vehicle. Thirteenth Symposium on Naval Hydrodynamics. 东京，1980.
8. 马涛，Sullivan P A. Linear Analysis of the Heave Dynamics of a Bag and finger Air Cushion Vehicle Skirt. AIAA 8th Advanced Marine Systems Conference. 圣地亚哥，1986.
9. 马涛，周伟麟. Responsive Skirt—Its Effect on Stability and Ride Quality of Hovercraft. International High Performance Vehicle Conference. 上海，1988.
10. 马涛，Sullivan P A. Aeroelastic and Hydroelastic Dynamic Design Principles of Hovercraft Responsive Skirt. International Conference on Air Cushion Vehicles (ACVs). 伦敦，1997.
11. 马涛，吕世海，刘春光，等. The Development of ACV Technology in China. FAST 2007. Shanghai, 2007: 64-70.
12. Crago W A. Problems Associated with the Use of Skirts on Hovercraft. Hovering Craft and Hydrofoil, 1966(4): 20-33.
13. Lavis D R, Forstell B G. Air Cushion Vehicle (ACV) Developments in the U.S. FAST 2005. Russia, 2005.
14. 马涛. 气垫船围裙-气垫系统气弹与水弹动力设计原理. 船舶，1997（6）：8-12.

15. 马涛.减阻、减摇的响应围裙研究.中国造船，1991（1）：60–69.
16. 马涛，周伟麟.围裙响应动力学及其对气垫船稳定性和适航性的影响.船舶工程，1988（6）：40–45.
17. 顾雄，朱锦章，恽良.65吨级全垫升气垫船技术评述.船舶工程，1990（4）：7–15.
18. 傅华.全垫升气垫船航行安全特性分析及思考.船舶，2008，19（6）：1–3.
19. 熊佳.美国SSC气垫登陆艇.兵器知识，2013（7）：56–59.
20. 林一平.我国气垫船开发40年成就.航空知识，1997（10）：10–13.
21. 郭超，胡琪，刘光耀.湄公河上的"怪物"——世界第一种参加实战的气垫船贝尔SK-5.环球军事，2006（7X）：48–49.
22. 周红友.气垫船及其军事用途浅析.舰船电子工程，2008（2）：20–23.
23. 李莉，石玉林.世界海军新型气垫登陆艇纵览.当代海军，2007（4）：53–55.
24. 飞火，徐辉.铁甲御风踏浪来——美俄中三国大型气垫登陆艇的发展.现代兵器，2008（5）：22–30.
25. 侯戈，罗晨.疾风利爪——回顾苏联气垫登陆艇.舰载武器，2008（11）：78–82.
26. 陶平平，乔筠，邬成杰.气垫登陆艇三大关键技术.舰船知识，2010（12）：39–41.
27. 王孙.踏浪蹈海永向前——记中国船舶及海洋工程设计研究院某型气垫登陆艇研发团队.中国船舶报，2006-11-16.
28. 张宗科.全垫升气垫船高速侧滑后行为的理论与试验研究.船舶，2018，29（3）：1–10.
29. 张宗科.英国全垫升气垫船的技术发展与性能分析.船舶，2018，29（6）：9–22.
30. 张宗科.美国气垫登陆艇主动力装置的发展及其对总布置的影响.船舶，2012，23（6）：1–7.
31. 张宗科.美国气垫登陆艇的技术发展及分析.船舶，2012，23（01）：11–20.
32. 张宗科，陈德娟.美国气垫登陆艇推进垫升系统的改进与发展.船舶，2015，26（5）：12–23.
33. 吴有生，倪其军，葛纬桢.Advances in Technology of High Performance Ships in China.船舶力学，2008（6）：1014–1031.
34. 王维相，翁亚栋.国外气垫船的应用与发展.世界橡胶工业，2008，35（12）：36–40.
35. 郭其顺.世界军用气垫船发展现状.船舶，2001（1）：11–15.
36. 江军.中国气垫船的发展.舰载武器，2004（10）：34–40.
37. 王洪修.适应新时期军事斗争需要加速军用气垫船发展//2001航海技术现状与发展趋势论文集，2001：117–119.
38. 赵宇.日本"大隅"——变相的两栖攻

击舰.当代海军,2003(10):14–15.
39. Lavis D R. Forty-plus Years of Hovercraft Development.
40. Lavis D R. 50 Years of Hovercraft Development. E Quarterly Digest, 2009(5):4–5.
41. 张宗科.全垫升气垫船高速埋首与低速侧翻的机理分析及应对措施.船舶,2019(4):15–27.
42. 郑楠,孙盛南.我国第一艘气垫登陆艇的试航试验.舰船科学技术,1990(5):55–60.
43. Yun L, Bliault A. High Performance Marine Vessels. Springer, 2012.
44. 吕世海,张宗科,张平,等.地效翼船(地效飞机)及其技术.北京:国防工业出版社,2013.
45. 彭桂华.气垫船的回顾与展望.船舶工程,2001(1):9–13.
46. 方舟.为国争光的气垫船围裙.航海,1994(1):37–39.
47. 李林果.解剖悬架(中)小型车后悬架.汽车与运动,2007(5):32–33.
48. 贾敬蓓,宗智,毕俊颖,等."企业"号航空母舰阻力预报理论研究.中国舰船研究,2009,4(1):13–17.
49. 顾雄,朱锦章.我国高性能船的研制现状及其船型开发.船舶,1997(5):10–15.

后 记

新中国成立以来，我国舰船与海洋工程装备从小到大，由弱变强，实现了跨越式发展，为捍卫我国海疆和保障国民经济的发展作出了巨大贡献。为了使广大青少年和公众读者了解到我国舰船研制的艰难历程和取得的成就，中国船舶及海洋工程设计研究院、上海市船舶与海洋工程学会、上海交通大学及上海科学技术出版社密切携手，编纂出版"国之重器——舰船科普丛书"，向中华人民共和国建国70周年献礼。

此套丛书编写得到曾恒一院士、潘镜芙院士以及80多位新老科学家的响应和支持，为其顺利出版奠定了基础。丛书编纂中，注重原创，努力将科学性、权威性、严谨性贯穿始终，把技术性、知识性、趣味性融于一体，把舰与船的专业知识从学术殿堂驶达青少年和公众读者的心田。

上海市船舶与海洋工程学会理事长邢文华、中国船舶及海洋工程设计研究院党委书记卢霖、江南造船（集团）有限责任公司董事长林鸥、沪东中华造船（集团）有限公司纪委书记胡敬东等领导对这套丛书的编撰出版予以多方支持和鼓励，并明确指示：该丛书的编撰是一项系统工程，要求高、时间紧、工作量大，要发挥科技人员的参与意识和普及"国之重器"科学知识的积极性，努力把丛书编好，使它成为一部向广大青少年和公众读者科学普及舰船知识，弘扬海洋文化，开展国防教育的好丛书。

100多位从事舰船及海洋工程科研、设计、建造的专家和老、中、青三代科技工作者参与了丛书的编写。撰写者大多是肩负科研任务的一线科研工作者，只能利用业余时间进行编写；他们不是专业的科普作者，但要完成从建造者到教育者、从设计员到讲解员的角色转换；学术著作可以精尖高深，科普文章却要浅显易懂，要像对学生上课一样，心口相传，绘声绘色，这对他们而言绝非易事。但面对困难，他们不曾退缩。在大家的心中，参与丛书编撰不仅是对投身舰船科研、设计、建造实践的重塑，更是为了中国造船事业后继有人、薪火相传。从领受编撰任务的那一天起，他们酝酿推敲、遴选谋篇、不辞辛劳、不舍昼夜，把对科学的爱、对祖国的情凝练成书香墨宝。

历经2年，这部丛书终于与读者见面了。丛书的编撰得到众多单位支持，并成立丛书专家委员会，严格遵循资料汇

后记

总、提纲拟制、内容撰写、审查把关、全稿统筹的编纂规律，先后多次召开书稿初审会、复审会和终审会，确保内容准确、权威。

因此，"国之重器——舰船科普丛书"具有以下特点：

一是广泛性。丛书涵盖了当今世界主要舰（船）种，内容包括舰船的诞生、发展历程、关键系统设备和发展前景等，是目前已出版舰船科普丛书中较齐全、较系统的一套科普丛书。

二是原创性。目前市场上有关舰船方面的科普图书屡见不鲜，但引进的多，原创的少，而这套丛书立足于国内舰船研制历程，经过精心策划，历经2年的努力原创而成。

三是权威性。丛书由中国船舶及海洋工程设计研究院、上海市船舶与海洋工程学会和上海交通大学主编，联合江南造船（集团）有限责任公司、沪东中华造船（集团）有限公司、上海外高桥造船有限公司、中国海洋石油集团有限公司等单位，还成立了由曾恒一院士、潘镜芙院士领衔的专家委员会对丛书内容进行专业技术上的把关，保证了此书的科学性和权威性。

四是充满情怀。习近平总书记指出：科技创新、科学普及是实现国家创新发展的两翼，要把科学普及放在与科技创新同等重要的位置。丛书正是基于这一精神向全民，特别是青少年介绍舰船科技知识，弘扬科学精神，传播科学思想和科学方法，激发爱国热情，使全民关心、热爱、支持国防建设和舰船事业的发展，为实现强军梦、强国梦尽一份心力。

五是集体创作。老、中、青100多位科技工作者参加丛书编撰，每分册从提纲到初稿、定稿，均经众人讨论、修改，所以说丛书是集体创作的成果。

丛书编写过程中参考了一些书籍和报刊，引用了一些观点和图片，在此表示诚挚的谢意。

在丛书出版发行之际，向各位专家、全体编撰人员，以及关心、支持丛书编撰出版的有关单位和个人表示崇高的敬意。

对于书中不妥之处，希望广大读者予以指正。

张　毅

2018年8月

国之重器——舰船科普丛书
出版工作委员会

- **主　任**
  温泽远

- **副主任**
  魏晓峰

- **执行主任**
  侯培东

- **策划编辑**
  楼玲玲　陈　立　潘慧中　陈晏平

- **编辑人员（以姓氏笔画为序）**
  王　辉　朱永刚　杨　燕　李　艳　李宏瑞　沈晓平　张　帆　张钰琼　陈　立　陈　晨
  陈晏平　姚晨辉　高军晓　高爱华　黄丽芬　楼玲玲　潘慧中

- **美术编辑**
  赵　军　潘慧中

- **技术编辑**
  张志建　吕　伟　陈美生　王晓颖　王永容

- **责任校对**
  朱　虹　陈敏芳　卢文斌　李瑶君　翟　红

- **发行推广**
  罗小林　李　旻　杨　淦　朱旖旎　李宏瑞　陈　立　潘慧中　陈美生

- **特约顾问**
  田小川　李维靖

本书内容由中国船舶及海洋工程设计研究院审定。本书所使用的图片由中国船舶及海洋工程设计研究院、上海市船舶与海洋工程学会、上海交通大学、江南造船（集团）有限责任公司、沪东中华造船（集团）有限公司、上海外高桥造船有限公司、中国海洋石油集团有限公司、中船重工第七一四研究所、少年儿童出版社等提供。

特别说明：本书中可能存在未能联系到版权所有者的图片，请见书后与上海科学技术出版社联系。